跨文化交际视阈下的翻译探究

安丽娅 著

九 州 出 版 社
JIUZHOUPRESS

图书在版编目（CIP）数据

跨文化交际视阈下的翻译探究／安丽娅著. -- 北京：
九州出版社，2024.3
ISBN 978-7-5225-2657-7

Ⅰ. ①跨… Ⅱ. ①安… Ⅲ. ①英语-翻译-研究
Ⅳ. ①H315.9

中国国家版本馆 CIP 数据核字（2024）第 048950 号

跨文化交际视阈下的翻译探究

作　　者　安丽娅　著
责任编辑　刘　嘉
出版发行　九州出版社
地　　址　北京市西城区阜外大街甲 35 号（100037）
发行电话　（010）68992190/3/5/6
网　　址　www.jiuzhoupress.com
印　　刷　唐山才智印刷有限公司
开　　本　787 毫米×1092 毫米　16 开
印　　张　12
字　　数　220 千字
版　　次　2024 年 6 月第 1 版
印　　次　2024 年 6 月第 1 次印刷
书　　号　ISBN 978-7-5225-2657-7
定　　价　72.00 元

PREFACE

前　言

进入 21 世纪以来，世界经济一体化的趋势不断加强，国家、民族之间的接触和交往日益频繁，人们越来越注重与世界接轨，所以学习和掌握一门甚至多门外语成了人们努力的方向。互联网时代交流的便捷性更加促进了不同文化之间的渗透、交流乃至碰撞与冲突，各种文化间的对话与融合问题日益凸显。而作为文化交流的介质，语言翻译的作用及意义更为突出。

语言作为文化的有机组成部分，与文化密不可分。文化的创造离不开语言，语言也不能脱离文化而存在。可以说，文化是语言赖以生存和发展的土壤。文化的融合必然反映在语言的融合上，而语言的融合首先就体现在词汇这一层次上。在跨文化交际过程中，行为主体必须对对方的语言和文化背景有所了解和熟悉，否则跨文化交际就会产生障碍。对于专门从事跨文化研究和以此为职业的人来说，首先要具备良好的"跨文化意识"。

本书是英语翻译方向的书籍，主要研究跨文化交际视阈下的翻译实践与发展方向，本书从跨文化交际理论介绍入手，针对跨文化交际视阈下的翻译方法和跨文化意识进行了研究；并对跨文化交际下的英汉词汇、语句、篇章翻译实践做了深入分析；接着探讨了委婉语、修辞、习语、典故等英汉文化的差异以及在跨文化交际视阈下的翻译；另外对跨文化交际视阈下的翻译教学模式建设提出了一些建议；最后分析了当今时代计算机辅助翻译的本地化与翻译质量保障；对跨文化交际视阈下的翻译研究与应用有一定的借鉴意义。

本书在写作前搜集了诸多与文化、跨文化交际、英语翻译相关的文献资料，并在写作过程中引用了很多相关专家和作者的观点，在这里致以诚挚的谢意，并将参考资料列于书后，如有遗漏，敬请谅解。由于作者精力有限，书中疏漏之处实所难免，恳请广大读者不吝指正。

CONTENTS

目 录

第一章　跨文化交际基础理论

第一节　跨文化交际定义与分类

随着科技的高速发展，跨民族、跨种族、跨地域、跨行业、跨群体之间的交际也变得日益频繁，跨文化交际研究也越来越受到人们的关注。人们开始从人类学、社会学、心理学及语言学等角度对跨文化交际中的文化差异现象进行研究，并作出了各自的分析和阐述。也有学者称之为"比较文化"（Comparative Culture）。一方面，它主要考察不同国家的政治、经济制度和人们的生活方式、生活习惯；另一方面，它还属于应用语言学范畴，研究语言和文化的关系。跨文化交际可应用于个人与群体之间、国家与民族之间的交际往来，在经济、政治和文化日益全球化的今天，研究跨文化交际可以增进了解、消除误解、避免冲突。目前，跨文化交际学已发展成为一门被国际学者充分重视的集人类学、语言学、心理学、传播学、社会学等为一体的综合性学科。

一、跨文化交际的定义

随着人们对跨文化交际研究的深入，给跨文化交际所下的定义也各有侧重，主要是从社会学和文化学的角度来定义的，如：

"跨文化交际"是指文化观念和符号系统迥异的人们之间的交际。（Intercultural communication is communication between people whose cultural perceptions and symbol systems are distinct enough to alter the communication event.）

"跨文化交际"是指具有不同文化背景的人们之间所进行的思想和信息交流的活动。（Intercultural Communication means an exchange of ideas or information between persons from different cultural backgrounds.）

跨文化交际是指两个或两个以上来自不同文化或共同文化的人以受其不同文化感知和符号系统（包括语言和非语言）影响的方式交换信息的过程。Intercultural Communication is the process that occurs when two or more people from different cultures or co-cultures exchange messages in a manner that is influenced by their different cultural perceptions and symbol systems, both verbal and non-verbal.

跨文化交际是来自不同文化背景的人们运用符号来创设含义和对创设含义进行解读的互动交流过程。当文化差异巨大而显著时，人们对用一定符号所创设的含义因文化不同而存在不同的解释和期待，这种解释和期待的差异大小直接影响交际的效度。因此，在跨文化交际过程中，交际环境、符号运用的恰当性和有效性、认知程度以及交际动机或者目的等都影响交际的结果。

首先，交际环境影响到交际者的跨文化交际能力，因为这种环境决定交际行为发生时交际者之间的关系以及交际状态。

其次，交际符号运用的恰当性和有效性影响或者限制交际者在一定交际场合下对符号所表示含义的解读，乃至交际的结果发生。

再次，认知程度决定交际者对交际对象的民族个性、生存环境、风俗习惯和行为规则等的了解程度。

最后，交际动机影响到人们在交际过程中的情感表达、方式的选择等。

二、跨文化交际的分类

来自不同文化结构体系的人们之间的交际都属于跨文化交际。但根据不同的标准和要求，跨文化交际的分类也不同。

第一，按照跨文化交际范畴的不同可以分为"宏观跨文化交际"（Macro-Cross-Cultural Communication）和"微观跨文化交际"（Micro-Cross-Cultural Communication）两种。

"宏观跨文化交际"指国际性的跨文化交际，即跨国界的观念，以及习俗不同的民族、种族之间的交际。例如，中国人与美国人之间的交际。

"微观跨文化交际"指同一国家内来自不同文化圈的人们之间的交际，包括同一国家内来自习俗不同的民族、种族、地域的人们之间的交际。例如，同在中国的汉族人与回族人之间的交际。

第二，根据交际群体（circles of colony）的不同可以分为"文化圈内的交际"（In-Group Communication 或者 Inter-Cultural Communication）和"文化圈际的交际"（Out-Group Communication 或者 Intra-Cultural Communication）。

"文化圈内的交际"是指同一主流文化内不同个体之间的交际。例如，同属阿拉伯文化圈的不同国家的个体之间或者同一国家不同地域之间个体的交际。同属于中国大文化圈的南方地区和北方地区有很多不同的习惯性差异。比如，南方人喜欢用"我的乖乖"来表示惊讶，如"我的乖乖，速度这么快呀！"但是在淮河以北的很多地方，"我的乖乖"却不能乱用，否则会招来敌对情绪，甚至会引发冲突。因为在淮河以北的很多地方，"我的乖乖"相当于南方人常用的口头禅"老子（怎样怎样）……"

"文化圈际的交际"是指不同主流文化的个体之间的交际。例如，分属阿拉伯文化圈和非洲黑人文化圈或者欧洲文化圈的个体之间的交际。

第三，根据交际群体的不同可以分为"跨种族的交际"（Interracial Communication）和"跨民族的交际"（Interethnic Communication）。

"跨种族的交际"是指来自不同种族的个体之间的交际，如白种人与黑种人之间的交际。

"跨民族的交际"是指来自同一国家或者不同国家的不同种族的个体之间的交际。例如，在中国，汉族特有的药叫"中药"，藏族特有的药叫"藏药"。汉语中"赤脚医生"是对应英语里的"Bare Feet Doctor？Red Feet Doctor？Local Doctor？Village Doctor？"还是"Farmer Doctor？"根据汉语词典的解释，赤脚医生是指"中国农村中经过短期训练且不脱离农业生产的，能治疗小伤小病并做一些公共卫生工作的医务人员"，其对应的英文应该是"Local Doctor""Village Doctor"或者"Farmer Doctor"，其中"Farmer Doctor"最能传递其真实含义。

三、学习跨文化交际的意义

人们生活在世界上就离不开与他人交往，而生活在不同社会、地域的不同民族、种族群体所接触的事物、生活环境、生活方式、生产和生活观念等文化存在差异，这些势必会对交际产生影响。

然而，跨文化交际涉及言语交际、非言语交际、交际手段、思维模式、价值观念、认知行为等多种交际因素。"性相近，习相远。"（《三字经》）（Human beings draw close to one another by their common nature，but habits and customs keep them apart. The Three-Character Classics）由于文化背景的不同，在人们的交际过程中往往会出现沟通受阻、合作受挫、交际失误的后果。

在跨文化交际过程中，文化观念往往成为影响人们交际的主要因素。

人们长期生活在一定的社会环境中，必然要受到一定的影响，进而形成一个展现自己情感、态度、立场和观念的用以判断是与非、好与坏、成与败的标准模式。例如，在印度，当你看到一个农民收获了10袋麦子，问他为何他的邻居收获了15袋时，你得到的回答是"那是真主的旨意"。当你拿同样的问题去问美国的农民时，你得到的回答是"那是因为我不够努力的缘故"。在一定文化环境中属于正确得体的行为与言语，在另外一个新的文化环境中则有可能被认为是错误或者不得体的行为或言语。

在跨文化交际过程中，常常会出现因文化价值观念、礼俗原则、社会关系等方面的冲突而导致交际失败的案例。因此，学习和研究跨文化差异具有重要意义。有效的跨文化交际取决于多方面因素，但主要受两大方面因素的影响：一是文化，二是交际。

在与不同民族和种族人群交往的过程中，要遵循一定的原则，即既要尊重对方，又要不委屈自己。如果不懂得交际对象的文化，难免会冒犯对方或者给自己带来羞辱。

随着科技的发展，世界变得越来越小，跨民族、跨种族和跨地域的政治、经济、科技等方面的交往越来越频繁。在世界范围内，跨文化交流具有文化传递的功能，是向大国文化的趋同，也是弱小文化的适应与变异。

交际障碍的形成与产生，低效的交流和沟通，相互间的误解与冲突，通常都是由跨文化交际中的文化差异造成的。学习跨文化交际的知识，认识跨文化交际的本质，了解跨文化交际的过程，是为了克服跨文化交际的障碍，避免跨文化交际的失误，寻求解决跨文化交际冲突的途径，是适应时代发展的迫切需要。

"观乎天文，以察时变。观乎人文，以化成天下。"我们学习跨文化交际，是为了学习、了解异域文化和交际规则，适应和尊重异域文化，维护本族和本域文化的发展，减少矛盾和纠纷，以利于有效而成功的交际。

学习跨文化交际，就是了解什么是交际？交际的方式和原则是什么？什么是文化？文化是怎样影响交际行为的？怎样克服跨文化交际中出现的失误？通过学习可以发现跨文化交际失误的原因，有利于我们解决在跨文化交际中产生的问题，解释交际双方在交际过程中出现的文化冲突现象，消除误解，交际双方达成沟通和谅解，最终实现成功且有效的交际。

通过学习掌握跨文化交际的基本原则和策略，以应对各种不同场合、不同种类的交际，达到成功、高效的交际目标。正如唐太宗所说："以铜为鉴，可以正衣冠；以古为鉴，可以知兴替；以人为鉴，可以明得失。"

学习跨文化交际，可以帮助我们克服文化障碍，实现政治、经济、科技等领域顺畅而有效的交流和沟通。通过学习还可以帮助我们增强文化意识，学会尊重他们的文化行为和习俗，改进我们的交际方式和交际策略。

第二节　跨文化交际中的言语交际

一、语言要素与跨文化交际

语音、词汇与句法是语言的三要素，三者之中语音对跨文化交际的影响没有其他两个方面那么直接和明显，词汇与跨文化交际的关系最直接。

（一）词汇与跨文化交际

词汇是记录和反映世界的语言符号，它代表着特定的对象或现象，人们通过词汇来表达对世界的认识。不同的民族由于在自然、地理及价值观念等方面的差异，对世界的认识也各不相同，并通过语言和词汇系统表现出来，这使得相同的事物在不同的文化中可能具有不同的所指，一种文化的词汇系统不能与另一种文化的词汇系统完全对应，同样的词汇反映的可能不是同一事物。因此词汇及其语义是跨文化交际实践与研究的重要方面，理解不同文化之间词汇、语义的差异可以帮助我们进行跨文化交流。

词汇对文化的反映方式各不相同，有的词本身指代该民族特有的事物事件，如汉语中的"长城""空城计"；有的词多个义项中的一个义项与民族文化相关，如"牛""红"。前者是与文化直接相关的词汇，后者与文化的关系通过词汇不同层次的语义显示出来。

1. 与文化直接相关的词汇

词汇分为基本词汇和一般词汇。基本词汇很稳定，千百年来为不同的社会服务，不同社会中基本词汇的重合度较高，比如"火""人"；一般词汇则有较大的灵活性，不同的社会中差异较大，有的一般词汇与文化直接相关，其概念意义中含有明确的民族文化信息和深层的民族文化，特别是古语词、方言词及熟语，古语词常表示该民族历史上或精神层面的特有事物或现象，如汉语中的"鼎""阴阳""生肖"；方言词体现不同的地域特征，如四川话的"瓜"、上海话的"侬"；熟语是定型化了的固定短语，是特殊的词汇。熟语源远流长，是民族文化长期积累的成果，体现民族的物质文化、精神文化或心理文化的各个方面，各民族语言中都有丰富的熟语，成语是其中重要的一类。

成语是人们长期以来习用的、简洁精辟的定型词组或短句。成语来自传说、寓言、历史事件、文人作品、摘录于文人作品中的名句、摘录于文人作品中引用的民间口头熟语，是民族文化的长期沉淀，具有丰富的文化内涵。汉语中有丰富的成语，如"天花乱坠"来自《心地观经·序品》中的故事，现在用来形容说话有声有色，非常动听，多指夸大的或不切实际的；"一视同仁"来自唐代韩愈的《原人》，指同样看待，不分亲疏厚薄。

2. 词汇的语义

"语义"指的是语言中词语的意义。语义的异同与文化密切相关，是跨文化交际中的重要问题。

（1）指示意义与隐含意义

在日常交往中，词语本身所指称的意义是明确的，称为指示意义（denotation）；有的意义却是暗含在词语背后的，称为隐含意义（connotation）。一个词除了具有字面的指示意义外，还可能具有隐含意义。指示意义也称为字面意义、概念意义或明指意义，隐含意义也称为联想意义、引申意义或暗指意义，它是在特定的社会和语境中产生并表现出来的意义。例如，"海"的指示意义是"大洋靠近陆地的部分"，隐含意义可以指"连成一片的很多同类事物"。熟语常常通过指示意义来体现民族文化，基本词汇和大部分一般词汇则有所不同，它们常常通过隐含意义来表现文化特质。例如，"海"字的隐含意义还可以是"从外国来的"，因此汉语中有"海归"一词指代"在海外留学或工作后归国的人员"。四川话的"海椒"一词指代来自外国的辣椒。

由于客观世界的相似性和民族文化的特异性，不同民族之间指示意义相同的词语可能隐含意义不同。例如，"胖"这个词在汉语和德语中的指示意义都是"脂肪多"，但在汉语中还有传统和现代两种隐含意义，传统的含有富足的意义，现代的含有形象差、不注重体型的意义，现代的"胖"的意义与德语中"胖"的意义相同。因此词语的隐含意义与文化密切相关，对一个词的理解不仅要明白其指示意义，还要掌握其隐含意义，并在交际中准确地理解和使用。要特别注意由于文化不同而形成的词汇意义的差异，特别是隐含意义的异同，以保证双方相互的准确理解及顺畅交流。比如告诉一个中国人他很胖，这个中国人可以理解为自己生活状态不错，也可以理解为形象差；而说一个德国人胖，则会让听者以为自己的形象差、不健康，会让听者不舒服，引起负面情绪，影响双方的交流。

（2）跨文化交际中的语义差异

语义的差异，特别是隐含意义的差异，对跨文化交际有至关重要的影响。两种语言的指示意义和隐含意义的异同有四种情况。

①指示意义相同，隐含意义不同或截然相反的词汇。在不同文化中，同一事物可引起完全不同的联想，在词汇意义上的表现是词语指示意义相同，隐含意义不同，即词汇具有不同的文化内涵或文化意义。比如"乌鸦"一词，在不同的民族语言中具有不同的隐含意义。在汉语中乌鸦代表着不吉利，如"乌鸦嘴"指的是说不吉利的话，然而在很多民族及其语言中，乌鸦代表着吉利，受到人们的喜爱和尊敬。在日本，乌鸦是至高无上的鸟，也被看作是孝心的代表；在缅甸，很多商店的店名是"金乌鸦"。再如"绿色"在英语和汉语中的含义差异较大，在英语中 green 有丰富的含义，可以指未成熟的、无经验的、易受愚弄的，也可以指面色苍白，有病容，还可以指人精力充沛，其他还可以代指嫉妒、眼红，如 green-eyed。而汉语的"绿色"主要是一种颜色，嫉妒是用相反的颜色"眼红"来表示的，"眼睛都绿了"则是"饥饿""贪婪"的意思。

隐含意义有差异的词汇在跨文化交际中比较常见，在面对不同的文化时要注意各民族对世界的不同认识，并注意其体现在语言符号上的差异。

②指示意义相同，隐含意义部分相同的词汇。在两种不同的文化中，有的词在某些方面会引起不同民族的共同联想，而在其他方面却会引起不同的联想，这些词指示意义相同，隐含意义部分相同，其中相同的方面反映了不同民族的物质世界或精神世界中的相同点，不同的方面说明了各民族文化间的差异，即不同民族的文化存在着共性也存在着个性的差异。例如"玫瑰"在中国文化和西方文化中都象征着美丽和爱情，除了这一共同的含义外，英语的 under the rose 的意思却是"秘密地""私下地""暗中"，它源自古罗马故事，小爱神丘比特为了维护其母亲维纳斯的名誉，送给沉默之神哈伯克拉底一束玫瑰，请他不要把维纳斯的风流韵事传播出去，哈伯克拉底收了玫瑰花后就遵守诺言，守口如瓶。

③指示意义相同，在一种语言中有丰富的隐含意义，在另一种语言中却没有的词汇。

由于受民族文化的影响，一个普通的词在一种语言中常有极其丰富的联想意义，在另一种语言中就可能仅仅是一个语言符号。比如龟这种动物在不同民族语言中有不同的象征意义，在东方文化中具有长寿、吉祥等多种象征意义，人们在家中养龟以图吉利，也有龟鹤延年的说法。在英语中乌龟并没有特别的联想意义。再如蓝色在中国文化中没有特别含义，而在英语中则含义丰富，可以指心情忧伤、沮丧，如 blue Monday；还可指社会地位高、出身名门，如 blue blood。另外还有很多由 blue 组成的固定用语，如 blue stocking 指女学者和女才子，blue moon 指很长的时间，blue in the face with cold 指冻得发紫，out of blue 意思是意想不到，one in a blue 意为千载难逢，drink till all blue 意思是一醉方休，习语 true blue will never stain 意思是真金不怕火炼。

④文化中的词汇缺项。各个民族一般都有自己文化中特有的词汇，它们只存在于这种文化中，而不出现在另一种文化中，这就是不同文化中的词汇缺项。词汇缺项反映了各个民族独特的物质世界和精神世界，比如儒家"五常"之一的"义"，反映的是中国古代一种含义极广的道德范畴，意思是公正合宜的道理或正义。表面上看，似乎与英语中的 justice 对应，但实际上，"义"反映的是一种人身依附关系，平行于儒家哲学中的"忠"和"孝"，"忠"代表国家中管理者与被管理者之间的道德原则，"孝"代表家庭中前辈和后辈的依附关系，"义"用来指代除这两种关系以外的兄弟姐妹，社会中不那么容易区分上下级关系的个体之间的道德原则。这种"义"与西方强调个人主义的哲学思想截然不同，难以找到对应的词项。汉语中有很多带有"义"的词语，如不仁不义、见利忘义、假仁假义、背信弃义、成仁取义、大仁大义、慷慨就义、不义之财、春秋无义战、大义凛然等，中国人也喜欢用"义"字作为人名，这反映了中国人的哲学观和道德观。

以上介绍的是跨文化交际中语义的四种差异。然而，客观世界的相似性与人类思维的相似性决定不同文化背景的人对世界的认识也是相似的，因此不同民族的词汇会出现相同的情况。有的是完全相同，即两种语言中的词汇不仅指示意义相同，隐含意义也完全相同，例如"驴"这个词在汉语和英语中的指示意义相同，隐含意义也相同，都带有"蠢""倔"的含义。还有的情况是指示意义不同、隐含意义相同，如汉语"小菜一碟"和英语 a piece of cake 意思相同，都指的是没有难度的事。

（二）语法与跨文化交际

语法是组织成句的规则，每种语言都有自己的语法系统。每个社会都会使用某种特定的语言，并遵循这种语言的语法规则。语法规则的差异体现了深层文化的差异。

世界语言数千种，根据不同的标准可以分成不同的类型。根据语言起源发展和谱系分类法，可以分为汉藏语系、印欧语系、阿尔泰语系、闪-含语系、乌拉尔语系等十多种；根据构词方式进行分类，可以分为孤立语、黏着语、屈折语和多式综合语四种类型。不同民族的语言在语法上的系统差异体现了各民族文化起源及随之定型的思维方式的差异及认知方式的差异。

1. 跨文化交际中语法类型的差异

汉语在谱系上属于汉藏语系，在构词方式上属于孤立语，语素绝大部分是单音节的，句子中的词缺少严格意义的形态变化。比如在"你读完这本书了吗"这个句子中，"你""读""完""这""本""书""了""吗"每个词由单音节语素构成，在句子中没有任何形态变化，名词"书"没有阴性、阳性的变化，动词"读"没有时态的变化，代词"你"没有格的变化，同时，在这个句子中补语"完"、时态助词"了"、语气助词"吗"则表达着丰富的语法意义，因此大多数学者认为虚词和语序是汉语的主要语法手段。由于缺少形态变化，汉语与印欧语言相比在句法上具有两个特征：词组构造与句子构造一致，词类和句子成分不对应。

西方语言属于印欧语系，在构词方式上属于屈折语，有多种表示各种语法意义的词缀，动词、名词、形容词等常可以加词缀使词形发生变化，表示特定的语法意义。比如英语中有表示名词单复数的-s，表示动词时态的-s、-ing 和语态的-ed 等，这些形态不仅是构词的形式，也是使句子成立的语法手段，因此印欧语系形态变化丰富，词类功能比较单纯。比如"I have told him."这句话中，I 是主语，形态上是代词的主格形式，told 是谓语，是动词的过去分词形式，him 是宾语，是代词的宾格形式，整个句子的句法成分和词类是对应的。

因此，学者们多认为汉语与印欧语系各语言的差异是形合和意合的对立，汉语重意义、重内容、轻形式，印欧语重形式、轻内容。印欧语以英语为例，英语高度形式化、逻辑化，句子成分必须完备，各种组成部分很少省略，主语更不能省略。而汉语则不注重形式，句法结构不必完备，动词的作用没有英语那么突出，重意合，轻分析，在表示动作和事物关系上几乎全依赖意合。比如"这本书不想看了，太难了"在英语和汉语中所采用的语法手段完全不同，在英语中需要说成"I don't want reading this book. It is too hard"，这个句子主谓宾句子成分完备，各个词的词形变化与它的句法成分一致；而在汉语中第一个小句主语和谓语的语义关系没有表示被动的形式标志，第二个句子则没有主语。因此，王力先生提出汉语是"人治"的语言，是主观的，印欧语系是"法治"语言，是客观的。

2. 跨文化交际中的认知与语序差异

不同语言的思维方式差异体现在认知方式上。由于语言具有线性特征，人们说话时只能按照时间的先后依次说出一个一个的音节，因此语言具有时间相似性（tense iconicity），语言成分的次序与物理世界的次序或人们对事物的认识次序相互平行，表现为时间顺序原则、时间范围原则和时空范围原则。

在没有时间词或时间状语的并列复合句中，时间顺序原则起作用，"两个句法单位的相对次序决定于它们所表示的概念领域里的状态的时间顺序"，比如"我回家拿钥匙"，事件的顺序和语言成分的次序是一致的，先回家再拿钥匙。这条原则在许多语言里是一致的，比如英语中这句话可以翻译为 I will go back to get keys，语序与汉语一致。

在有时间词或时间状语的句子中，不同语言语序是不一致的，在汉语中起作用的是时间范围原则，即"如果句法单位 X 表示的概念状态在句法单位 Y 所表示的概念状态的时间范围之中，那么语序是 YX"。这条原则要求时距小的成分排在时距大的成分之后，比如"昨天他去北京了"，"他去北京了"这一状态在"昨天"的范围之内，因此主要动词"去"放在时间词之后。而英语则不遵循这条原则，时间词放在主要动词的前后都可以，He went to Beijing yesterday 和 Yesterday he went to Beijing 都对。

在汉语中时间范围原则还可以更普遍地体现在空间上。无论是时间还是空间，大范围成分总是先于小范围成分，比如汉语地址的写法是从大到小，"中国四川省成都市一环路南一段 24 号"，英文则刚好相反，小范围成分应该在大范围成分前，应该写成 No. 24 South Section 1，Yihuan Road，Chengdu，China。从时空范围原则来看，汉语由大到小的语序反映了使用这一语言的民族的认知策略，汉语母语者习惯从整体到局部，采用"移动自我"的策略，移动自己而逐渐接近客体，在经历小的局部之前先经历整体；英语从小到大的语序反映了该民族的认知策略，英语母语者习惯从局部到整体，采用"移动客体"的策略，目标客体从包容它的大客体中向认识主体走来，在经历大的整体之前先经历局部。如果与更深层的文化相关联，可以说汉英认知策略的差异体现了汉民族整体性思维方式以及群体性取向，及西方民族分析性思维方式和个人主义取向。

二、语用与跨文化交际

学会一种语言的语音、词汇、语法，不等于就会使用这种语言进行得体的交际，还要了解并遵循这个社会或群体所共享的言语规则或言语使用规则，即语用规则。语音、词汇、语法是语言的内部系统，是语言的静态层面；语用规则反映的是在特定社会规范的制约下人们使用语言的规则，是语言的动态层面。

（一）跨文化交际中语言使用的文化差异

不同社会的人们以不同的方式说话，说话方式之间的差异是普遍的、系统的，反映了不同社会的文化差异。然而不同文化的人们在交往时，往往会对文化价值、社会规范和语用规则的差异性缺乏认识，以本文化的准则和社会规范作为理解他人行为的标准，从而产生语用迁移，造成交际失败。语用失误或语用失败是语用规则迁移所造成的，即不同文化的人们在相互交际时直接把自己语言的话语翻译成目标语，而不考虑这些话语应该遵循的交际规范，其结果是能在母语中达到交际效果的话语在目标语中无法达到预期效果。在交际中语用错误比语法错误更严重，语法错误可能使人不愉快，或影响交际，但至少在规则上，它们是一清二楚的，听话人会感觉到它的存在，而且一旦意识到说话人的语法能力较弱，对其是容忍的。然而语用失误则不然，如果一个非本族语者说话流利，对方不会把明显的不礼貌或不友好的行为归结为语言缺陷，而会认为是粗鲁和恶意的自然流露。语法错误可能显示出说话人还未掌握特定的语言能力，而语用错误可能反映出说话人的人格有毛病。

在中国，人们传统的问候语是"你吃了吗"，如果这样直译，用其母语问候西方人，不会被对方理解为打招呼，只会让对方困惑，以为说话人要邀请他吃饭。在中国人家中做客时，主人即使准备了满桌丰盛的菜肴，也会对客人说"菜不多""菜做得不好"，如果客人是中国人，一般会说"菜很多了""菜做得很好"，双方相互谦让和表扬是正常的交际方式，但如果客人是不了解中国文化的西方人，主人的自谦会让客人无所适从，面对满桌子的菜感到困惑，不知道主人为什么这样说，主人为他夹菜盛饭时也不知道如何应对。

在跨文化交际中，谈话内容和话题常常也会造成语用失误。在一种文化中可以公开谈论的交际话题在另一种文化中是需要回避的。比如在中国，人们常常相互询问年龄、日常，以示关心，而在西方这些是不应询问的隐私话题。下面我们从三种语用学理论——合作原则、礼貌原则、言语行为理论，来分析言语交际在不同的文化中的差异。

（二）会话合作原则

20世纪60年代，格赖斯（P. Grice）提出的会话合作原则（cooperative principle），使言语活动与社会情景相连接。

1. 合作原则的基本内容

格赖斯认为会话受规范或条件制约，人们在会话时之所以不是以一串互不连贯的语句组成，是因为交谈双方都遵循"合作原则"，相互配合。合作原则包含以下几个准则。

①量准则（Quantity Maxim）：指提供所需要的量，所提供的信息不应超出需要的信息量；

②质准则（Quality Maxim）：提供真实的信息，不要提供虚假的信息；

③切题准则（Relevant Maxim）：提供与话题相关的信息；

④方式准则（Manner Maxim）：提供的信息要清晰、明了、简洁。

格赖斯认为，这些准则的重要程度不一样，其中"质"的准则最为重要，是第一位的。同时，他又指出，这些准则使谈话双方具备使用"会话蕴含"（conversational implication）的能力来解释对方的话语内容，以达到对暗示意义的理解。

2. 合作原则的跨文化差异

会话原则揭示了社会交往中人们运用言语达到相互理解的原理。然而，在跨文化交际中，会话准则不一定适用于所有的社会。不同的社会在文化取向、价值体系及生活方式和社会语言规则方面存在着差异。在不同的文化背景条件下，合作原则及其各条准则的适应情况应该是不同的。合作原则是建立在西方文化上的，是以西方言语交际通行的模式为标准的。它并非普遍地制约着各个社会人们的言语交际，用它来衡量其他文化中人们的言语行为时，会发现对会话原则的遵循存在着差异。

（1）量准则的差异

基南（Keenan）曾指出非洲的马达加斯加人（Malagasy）的谈话不遵守量准则，所提供的信息量没有恰如其分，没有达到所要求的详尽程度，而是经常向对方隐藏交谈信息。比如当一位村民赶集回到村子以后，A 向他打听有关情况，对方习惯使用类似的话语进行回答：

A：What's new at the market?

B：There were many people there.

B 的回答显然违反了量准则，因为他的回答根本就没有提供 A 所需的信息，集市有很多人，这是常识。如果我们将格赖斯提出的"交际所需要的信息"理解为"该文化背景条件下会话一方所需要的信息"，就可以认为说话人遵守了量准则，因为不情愿告诉他人自己获知的信息，对马达加斯加人来说是可接受的。马达加斯加人的讲话不存在量准则。可见，准则并不是普遍存在的。

（2）质准则的差异

东方人在公众场合发言时，在进入正题前常说自己的话是"抛砖引玉"，或者说自己的看法是"不成熟"的，这与质准则要求提供真实信息，不说自己认为是不真实的话相违背。在东方人的社会群体里，大家都认可这种违背质准则的交际方式，然而在跨文化交际中，不同社会的交谈者如果按照各自的质准则进行互动，就会产生冲突。比如一般欧美人在夸奖中国人时，中国人的回答常常是"没有没有，一般般"或者"哪里哪里"这类谦虚的回答。这样交际双方在遵守合作原则上有差异，欧美人首先考虑的是质准则和礼貌原则中的赞誉原则，他们说的是真话，而且言出有据；中国人则违背了格赖斯的质的准则，否定自己，强调礼貌中的谦虚。由此交际双方文化背景的不同造成双方应共同遵守的合作原则受到干扰。

（3）关联准则的差异

东方社会的一些国家，由于受到差序格局的社会结构的影响，社会中人际关系较为固定，地位较低者对地位较高者有顺从性，地位低的一方往往先用一些对方喜欢的话题作为开头，慢慢地找个合适的机会再进入正题，以融洽气氛，创造语境；而地位高的一方则可以随意扯开话题，控制话轮，显得漫不经心，从而显示自己的权威。这种交谈方式与说话要相关、切题的关联准则是相冲突的，然而东方国家正是以这种方式来执行关联准则。

再如根据关联准则，在言语交谈中，问句自然会引出一个答句，任何形式的答句都可以被理解是一种答句。然而海姆斯（Hymes）考察印第安人的社会行为时却发现人们的对话似乎关联性不强，一条问句和答句中间有一段较长时间的停顿，一般来讲问和答之间会有五到十分钟的间隔。因为在他们的社会中回答并非是强制性的，有时甚至被认为是愚蠢的行为。不经过深思熟虑的回答会被当作是草率的。

（三）礼貌原则

合作原则有助于说明语句的意义与语句的作用的关系，但是不能解释人们为什么会经常间接地表达意思。礼貌原则试图对合作原则进行必要的补充，解答言语交际中的一些语用语言与社交语用问题。

1. 礼貌原则的基本内容

利奇（Leech）按照格赖斯制定合作原则的方式为礼貌原则制定了六条准则。

①得体准则（Tact Maxim）：减少表达有损于他人的观点。

a. 尽量少让别人吃亏；b. 尽量多使别人受益。

②慷慨准则（Generosity Maxim）：减少表达利己的观点。

a. 尽量少使自己受益；b. 尽量多让自己吃亏。

③赞誉准则（Approbation Maxim）：减少表达对他人的贬损。

a. 尽量少贬低别人；b. 尽量多赞誉别人。

④谦逊准则（Modesty Maxim）：减少对自己的表扬。

a. 尽量少赞誉自己；b. 尽量多贬低自己。

⑤一致准则（Agreement Maxim）：减少自己与别人在观点上的不一致。

a. 尽量减少双方的分歧；b. 尽量增加双方的一致。

⑥同情准则（Sympathy Maxim）：减少自己与他人在感情上的对立。

a. 尽量减少双方的反感；b. 尽量增加双方的同情。

关于礼貌交往，学者们还提出积极礼貌（positive politeness）和消极礼貌（negative politeness），积极面子（positive face）和消极面子（negative face）。积极礼貌或积极面子是对别人表示赞许，指的是人们在社会交往中所遵循的、正常的、对别人支持和有所付出的交往原则，强调双方在很多方面有所共享和取得共识；消极礼貌或消极面子是对强加行为的回避，强调交际者的个性方面，即个人的权利至少不全部受其所属群体或其群体的价值观念所束缚。

2. 礼貌原则的跨文化差异

礼貌是各社会群体共有的普遍现象，但是各个不同的社会群体所遵循的礼貌原则是有差异的，表现在礼貌的内涵，礼貌准则的侧重或选择，礼貌在言语行为方面的分布，相同行为中礼貌方略的选择等多个方面。

（1）礼貌内涵的跨文化差异

礼貌在各个社会的准确含义是大相径庭的。在礼仪之邦的中国社会，"礼"从古至今历来是制约人们的社会行为的最重要的规范，是维系上尊下卑等级秩序和亲疏关系的根本，贯穿在整个社会的各个方面，在社会生活的各个层次中都具有决定性的影响。礼貌原则的基本精神在很大程度上是等级的差别，该原则不是指西方社会中人们在人际交往中如何措辞等礼貌原则，也不是指西方社会强调人际间平等的礼貌原则。礼貌原则和积极/消极面子是西方学者对西方社会交际规范的研究成果，不能直接用来衡量世界其他民族和社会。即使在西方大文化圈内部，礼貌原则也存在亚文化的差异，英国文化与希腊文化在礼貌原则上存在差异，希腊人整体上更倾向于使用积极礼貌策略，而英国人则更注重使用消极礼貌策略。原因在于希腊文化更重视群体内的关系，个人面子和关系密切的其他人的面子同样重要，而英国文化则要求一种相对疏远的关系，强调个人独立性，很少将个人的面子需求与他人或群体的面子需求联系在一起考虑。

（2）礼貌准则所侧重方面的跨文化差异

不同社会对礼貌准则的侧重和选择也有所不同。东方文化国家比西方国家更强调谦逊准则，英语国家更强调得体准则。在西方社会中得体准则是人们交际时最常采用的准则，人们在实施请示、命令、警告、建议、劝告等指示性行为必须遵循得体准则。因为西方社会以个人主义为中心，以平行或平等的关系为取向，个人利益和个人自由神圣不可侵犯，人们之间，即使是上级与下级之间，在实施指令性行为时都会被当作对个人主义的侵扰，采用得体准则可以缩小对他人的损失，减少对别人消极面子的威胁。比如请别人做事时，会根据具体情境选用以下一些得体的言语。

Will you close the door?

Can you close the door?

Would you mind closing the door?

Could you possibly close the door?

在东方国家，人们遵循的最主要的规则不是得体准则，而是个人利益不得超越其社会身份的准则，在西方社会可能会威胁到对方消极面子的行为在中国社会中可能不具有威胁，比如上级对下级的直接命令被看作下级的分内之事，符合上下级之间权势的差异，不构成对面子的威胁。中国人和日本人在日常交际中更强调的谦逊准则，体现为卑己尊人，即贬低自己，抬高别人。比如中国人和西方人赠送别人礼物时会采用不同的言语行为，中国人在赠送礼品时，可能会贬低所赠之物从而达到卑己尊人的目的，他们可能说：

礼物很轻，不成敬意，请笑纳。

西方人则可能说：

I thought of you when I saw this.

或者

Here is a little something to express my gratitude.

西方人的这两种方式强调的是得体准则。

（3）礼貌行为分布的差异

礼貌行为在分布上也存在文化的差异。在中国社会，称呼是最能体现礼貌的行为，中国人常采用非对等式的称呼类型，地位较高者称呼地位较低者时使用非正式、熟悉的称呼语，地位较低者称呼地位较高者时使用正式、礼貌的称呼语，以此反映各自的社会身份、上下亲疏关系。中国人常使用头衔、敬辞、亲属关系名词进行称呼："姓+头衔"是普遍使用的敬称，如"王主任"；敬辞与自称和表示平等关系的中性称呼平行，各有一套系统，丰富复杂，比如同样是称呼孩子，对别人孩子的敬称有"您家公子""令郎""您家千金""令爱"，对自己的孩子则称为"我儿子""我女儿"或者"小儿""犬子""小女"；亲属关系名词不仅仅用来称呼家人、亲属，还可以用来称呼朋友、陌生人，既表示尊敬，也用以拉近双方距离，比如在街上向陌生人问路可以直接称呼别人"叔叔""大哥"，对熟人可以称呼"李阿姨""张姐"，这种现象在西方是罕见的，西方人无法理解朋友之间可以称兄道弟。可见，称呼语在中国有着极为严格的社会规范，并高度格式化、公式化，体现中国人卑己尊人的礼貌习惯。而在西方社会，特别是美国，由于文化取向、社会格局、人际关系与东方截然不同，称呼语偏爱对等式，不论职位或地位的高低，人们越来越倾向于直呼其名，一个人除了对医生称呼头衔以外，对上司、长辈、父母等都可以直接用名字，东方人常常不能理解儿子可以对父亲和其他长辈直呼其名。在对欧美人和东方人进行的跨文化交际问卷调查中显示，欧美人普遍不接受别人不加任何头衔只单独称呼他的姓，而绝大多数倾向于称呼名字，也可以接受别人称呼他的昵称或全名；而东方人则对称呼的接受情况呈多样性，姓、名、全名、昵称及头衔都是可以的。当然在双方初次交往，同时权势关系突出的场合，双方会采用非对等式称呼，常用"头衔+姓"表示尊敬，如"Professor Smith"，然而敬称系统远没有中国的复杂。

（4）相同行为中礼貌方略的跨文化差异

不同文化在实施相同的行为时，采用不同的礼貌方式。在邀请行为上中西方存在着很大差异，在中国提出邀请，被拒绝，再提出邀请，又婉拒，最终邀请成功，是常见的互动方式，比如：

小张：李局长，我想请您一起吃个饭，不知道您有没有空？

李局长：不用不用。

小张：您别客气，我早就该请您了。

李局长：真的不用了，不用去麻烦。

小张：一点也不麻烦，反正我也要吃饭，您一定要来啊。

李局长：那好吧。

中国人发出邀请和接受邀请的过程是一个自我贬抑的过程，小张表达邀请李局长的强烈愿望并坚持对方一定要来，以示对李局长的敬意，而李局长尽力推拒，表示邀请是不必要的。而在西方，邀请行为是经过一段协同过程一步一步实现的，比如：

S：Would you like to have dinner with me?

A：Fine，when are you free?

S：How about Sunday?

A：Well，I'm free on Thursday.

S：Okay，what time is suitable for you?

A：How about 6：00 p. m. ?

S：Okay.

这段邀请体现出的是西方社会两个平等独立的个人之间的一个协商过程，S 发出邀请，没有强迫之意，A 直接接受邀请，双方坦诚直接地协商，商讨时间等细节。一般来说，西方人会采用高度公式化的语句来体现礼貌方略，比如：

Can I buy your dinner?

Do you have time to eat lunch?

Can I treat you for dinner this evening?

Are you busy to eat? How about we eat something?

Can I invite you for a lunch?

Hi，Mr/Mrs_ ，are you free_ ? I'd like to treat you to a meal.

I'll take you out for a nice steak dinner.

What are you doing for lunch today? You want to join me?

（四）言语行为与跨文化交际

言语行为是交际过程中的最小单位，人们日常交往中的问候、拒绝、威胁等都是言语行为。英国哲学家和语言学家奥斯汀（Austin）和塞尔（Searle）提出言语行为理论（speech act theory），研究语言与交际的关系。在不同的社会中人们的言语行为策略存在差异。

1. 言语行为理论的基本内容

奥斯汀的三分法提出人在说话的时候，在大多数情况下同时实施了三种类型的行为——言内行为、言外行为、言后行为。

①言内行为（locutionary act）：指的是"说话"这一行为本身，即发出音节，说出单词、短语和句子，即以言指事。

②言外行为（illocutionary act）：指的是通过说话这一动作所实施的行为。人们通过说话可以做许多事情，达到各种目的，如传递信息、发出命令、威胁恫吓等，即以言行事。

③言后行为（perlocutionary act）：指的是说话带来的后果，通过言语活动使听话人实

现某种行为或结果，即以言成事

言内行为通过说话表达字面意义，言外行为通过字面意义表达说话人的意图，言后行为是说话人的意思被听话人领会后所产生的变化或结果。言内行为和言外行为通常同时发生，言后行为不一定发生，如果听话人没有领会意图或者产生其他结果，就不会发生言后行为，造成交际障碍或失败。三种行为中言外行为是语言交际的中心问题，它反映说话人使用语言表达自己的意图。塞尔把言外行为分成五大类——阐述、指令、承诺、表达、宣告。

①阐述类（representatives）：指说话人对某事做出一定程度的表达，对话语所表达的命题内容做出真假判断。英语这类动词有 assert，state，claim，affirm，deny，inform，notify，remind 等。

②指令类（directives）：指说话人不同程度地指使听话人做某事，让听话人即将做出某种行动。英语这类动词有 request，ask，urge，demand，command，order，advise，beg，invite 等。

③承诺类（commissives）：指说话人对未来行为做出不同程度的承诺，说话人即将做出某一行动。英语这类动词有 promise，commit，pledge，vow，offer，refuse，guarantee，threaten，undertake 等。

④表达类（expressives）：指说话人在表达话语命题内容的同时所表达的某种心理状态。英语这类动词有 apologize，condole，thank，welcome，congratulate，deplore 等。

⑤宣告类（declarations）：指话语所表达的命题内容与客观现实之间的一致。英语这类动词有 declare，nominate，appoint，name，christen，bless，resign 等。

人们在话语中常常采用这些动词来实施相应的行为，然而实际话语中，受到权力关系、社会距离、要求大小等因素的制约，说话人也可能不用这些动词，而"转弯抹角"地实现某一言语行为。比如指令类言后行为"我要求你把窗户打开"，可以通过询问行为"你冷吗"实现。因此，语言表达具有间接性，一种以言行事通过另一种以言行事来实现。

2. 言语行为的跨文化差异

交际中人类实施各种行为，不同社会由于文化的差异，人们采用不同的方式实施言语行为。下面以请求和恭维两种言语行为说明不同文化的差异。

（1）请求

英美文化中请求行为可以分为六类。

①需求陈述，常用于工作中上司对下属，家庭中长者对年轻者；

②祈使，常用于家庭成员，地位较高者对地位较低者，或平等关系的人之间；

③内嵌式祈使，常用于被请求的事或行为极困难或请求者是受惠者时；

④允许式请求，用于工作或家庭环境中地位较低者向地位较高者请求时；

⑤非明晰或问句式请求，常用于地位或年龄相差悬殊时地位或年龄低的一方；

⑥ "暗示"式请求，常用于交际双方关系密切，共享最充分的情况。

这六种请求方式是请求时直接或间接程度的差异，祈使和暗示是直接和间接的两个极端，反映了英美人请求言语行为实施的方式。与其他社会相比，英国人和美国人的言语行为更为间接，比如在以色列人的希伯来语中，英语中的请求语句会失去其"请求"之力，以色列人习惯更直接地表达他们的请求，他们很难把英语中的请求行为理解为请求行为。同样，中国人的请求行为被认为过于直接，或过于间接：在地位较低者对地位较高者或下级对上级发出请求时，中国人常以暗示的方式小心谨慎地请求别人做事，显得过于间接；而当地位较高者向地位较低者要求做某事时，则可以名正言顺地直接发出指令。

（2）恭维

在恭维语的句法结构、话题及回应上，汉语和英语存在着差异。在句法结构上，英语和汉语都高度程式化，而两种语言仍各有特殊之处：英语中"I like/love NP"是美国人使用频率极高的句式，这种句式在中国文化中几乎失掉了"恭维"之力；汉语中的形容词常与副词连用才能表达其恭维之力，表示肯定意义评价的形容词几乎离不开副词。恭维的话题中美差异明显：美国文化中他人的外貌或所属物是常见的恭维对象，而在中国正式场合中对女性外貌的恭维可能是不恰当的，一位美国留学生由于在中国夸一个女孩"你很性感"，受到对方的冷遇，一个中国女士因在美国的超市被一个陌生男子夸"你真漂亮"而感到尴尬不已；在美国文化中，恭维能力和成就应该由社会地位较高的人向地位较低的人发出，而在中国下级可以对上级的能力和成绩进行恭维，目的是取得上级的好感。

总的来看，面对恭维，美国人比中国人更倾向于同意，中国人比美国人更倾向于不同意。就具体回应方式来看，美国人表达同意时多采用欣赏的方式，中国人表达不同意时更倾向于采用贬低的方式。

从合作原则、礼貌原则和言语行为理论这三种语用学理论来分析人们的跨文化交际实践，可以得知不同文化中语用规则的差异是很大的，处于跨文化交际中的个体应该了解双方的差异，遵守所在社会的语用规则进行得体的表达和交际。

第三节　跨文化交际中的非语言交际

人类的交际既包括语言交际，也包括非语言交际。语言学研究的主要对象是有声的语言，即语言、语言交际，非语言交际往往被忽略。非语言交际是人类的本能行为，贯穿了人类交际的整个过程，对语言交际起到了重要的辅助作用，是交际过程中不可或缺的部分。除了语言，在日常生活中人类还用非语言的行为来表达自己的情绪、态度、感觉等。借助非语言行为人们往往能理解和洞悉他人的心理过程，建立印象，获取真实和准确的信息。随着全球化和世界经济一体化，人类的交际日益密切，跨文化交际也日趋频繁，因此，非语言交际不仅是非语言行为信息的传达，也包含了多元的文化信息。在跨文化交际中，不同的文化会呈现出多样的非语言交际的表达方式。非语言交际的研究是非常必要且具有现实意义的。

一、非语言交际

在人的一生中，从出生到生命的结束，非言语行为都是非常重要的。科学研究发现，语言是在人类进化过程中产生的，语言产生之前，人类的祖先主要通过非语言行为进行交流，非语言交际的产生远早于语言交际。

（一）非语言交际的定义

关于非语言交际，从认识到它在交际中的重要作用开始，近半个多世纪以来，学者们有自己不同的理解。美国的莱杰·布罗斯纳安（Raj Brosnaan）把人类交际分为口语、书面语和非语言行为三个部分。因为文化教育的偏见，绝大多数受过教育的人往往认为书面语最重要，口语次之，身势动作名列最后。口语和书面语都属于语言范畴，人们常常将非语言行为排除在语言范畴以外，而他却认为非语言交际的重要性、出现率、所提供的信息量都远远高于语言交际。萨默瓦尔（Somerwal）反复强调非语言交际要在一定的语境中进行，除了语言以外，非语言行为可以由人发出并生成，或者是由外部环境自然形成的。萨默瓦尔还进一步指出非语言交际所获取的信息是对交际双方（输出者和接受者）都具有潜在价值的那些。从广义上讲，非语言交际是排除了语言行为以外的交际方式。狭义的非语言交际，是指在一定的语境下，受到多种因素影响，人类有意或者无意地发出的以及借助环境形成的交际方式，对语言交际起着辅助作用。

（二）非语言交际的特点

霍尔（Hall）在他的著作中提到非语言交际是"无声的语言"。非语言行为有先天形成的，也有后天习得的；可以是有意识而为之，也可以是无意识而形成；既可表达个人情感，也可传达具体信息；既有世界通用的，也有因文化习得不同而有差异的。

1. 隐蔽性

如前所述，由于教育的影响，在交际时，我们更重视的是口头表达和书面表达，有时会忽略非语言的交际行为。从习得顺序来讲，从我们出生到牙牙学语，非语言行为的习得是早于语言表达的。非语言行为实质上是一种潜意识行为，比如：尴尬时会脸红；生气时会咬牙切齿；紧张时会口吃等。这些行为很难人为加以控制，是自发的、潜在的。非语言动作常伴随着语言发出，而且这些动作往往非常细微，让人难以察觉。大多数从事国际汉语教育的教师都有这样一种感受，不论学生还是教师都很重视书面语和口语的表达，很少注意到非语言交际在教学过程中的重要作用。如：汉语声调是外国学生学习汉语的一大难点，在教学过程中，教师在纠音的同时配合一些手势、身势语，学生发音的正确性会有所提高。

2. 真实性

语言有口语和书面语之分。语言表达时，用辞藻加以修饰和美化，可能很难准确判断字面意义背后的深层含义。中国有句俗话叫"百闻不如一见"，语言描述得再多，再仔细，也不如亲眼一见。这说明非语言交际才能体现出事物的原貌和真实性。语言交际是经过人的思维加工后生成的，在交际时，输出者留给接收者巨大的想象空间。只有面对面地交流，通过观察非语言行为，才能掌握确实的信息。测谎仪器利用机器测试人类的心跳、呼吸速度、体温、瞳孔大小等微表情以及行为动作便可较准确地判断出被测试者是否说谎。

3. 多维性

非语言交际不是孤立存在的，它必须依托于语境。在一定语境中，非语言行为的表意是明确的。但是一旦离开语境，它的表义就会比较笼统，让人无法准确推测出其中原委，从而无法体现交际价值。人们除了运用言语手段在交际时传递所要表达的信息以外，还会调动表情、手势、身势、服饰、时间、场景、语速、语调、颜色、气味、化妆等多种手段来进行辅助沟通。人们有意或者无意地做出一些非语言行为，我们在不同的环境中可以得到不同的信息反馈。如：与人会面时着正装，表情严肃，我们可以判断这是一场商务谈判；休假时，多数人喜欢穿着宽大的 T 恤衫、舒适的运动鞋，神情轻松。非语言交际必须存在于一定的语境之中，才会对语言交际起到辅助作用。其次，非语言行为是不同文化习得的产物，是人类文明发展形成礼俗规范的结果。再次，非语言交际是多学科研究的对象，与语言学、心理学、人类学等都有密切联系。

（三）非语言交际的功能

毕继万先生曾提到："一方面要看到，在交际中，脱离非语言配合的孤立的语言行为往往难以达到有效的交际目的；另一方面也要认识到，非语言行为只能在一定的语境中才能表达明确的含义，而且一种非语言行为只有与语言行为或其他非语言行为配合，才能提供明确的信息。因此脱离语言行为或其他的非语言行为，孤立地理解或研究某一非语言行为的含义常常是难以奏效的。"非语言交际不可能是孤立存在的，必须伴随着言语信息、语境以及信息的接受者所关注的方面而存在。如：中医诊断疾病的方法是"望、闻、问、切"，其中的"望"是非语言行为动作，对病人的神、色、形、态进行有目的的观察，以测知内脏病变，配合语言交际来完成诊疗的过程。非语言交际对语言交际起到了辅助作用，这种辅助作用主要体现在以下几个方面。

1. 重复

言语信息不能完全表达的，可以通过非语言行为的重复来进一步解释说明。如：在表示同意时，一边用语言给予肯定，同时一边点头，伴随的是赞同的表情和态度。点头起到的是重复指示作用。在指示方向时，我们会一边用语言描述，一边用手指向那个方向。

2. 否定

言语信息所传达的意思，不一定是真实或者准确的。非语言行为所传达的可能与语言行为所传达的信息完全相反，起到否定的作用。如：甲笑着对乙说："我要告诉你一个非常不好的消息。"这个时候乙可以推测出，甲是在开玩笑，甲的表情反映出，实际情况与语言描述相反。

3. 代替

不愿或不便用语言来描述或者表达的，可以通过行为动作来传达，达到"心照不宣"。如：感动时，一个拥抱足以代表千言万语；交通警察在指挥交通时，使用的手势，就是代替语言来传达指示和指令；潜水时，在水底是无法进行言语交谈的，因此会用一些特定的手势来沟通。

4. 补充

可以对语言表达起到修饰和描述的作用。如在拒绝别人的时候，通常除了语言上的拒绝以外，我们会在胸前做双手交叉的动作，或者摇头和摆手。说抱歉时，脸带歉意会更加恳切。

5. 强调

非语言行为还可以加强语言表达时的态度。如：在为别人加油的时候，同时会握紧拳头，振臂高声呼喊；也可以用手掌轻拍对方的肩膀，给予鼓励。生气时，配合语言，流露出激动的表情，提高音量，甚至可能会有拍打桌子的动作出现。

6. 调控

非语言行为可以调控交流状况。交谈时，人们用手势、眼神、动作、停顿等暗示自己要讲话，或已经讲完，或不让人打断；以及向对方点头表示同意并让其继续讲下去；沉默表示给别人讲话的机会；将食指放在嘴边意思是"请安静"。

二、非语言交际的分类

非语言交际的范围非常广，且部分非语言交际行为是无意识地发出的，我们无法详细地统计和归类出所有的非语言行为动作。因划分的角度不同，产生了很多的分类方法。鲁希（Ruxi）和基斯（Keith）最早将非语言交际进行分类，分为手势语、动作语、客体语三大类。纳普（Knapp）的分类方式更加细化，共分为七大类：身势动作和体语动作、身体特征、体触、副语言、近体距离、化妆用品、环境因素。根据非语言行为所表达的含义，我们可以分成善意、恶意和中性意义。根据人类的感官，也可以划分成可听动作和可见动作。根据非语言交际的基本方式，我们把非语言交际分成两大类，一类是借助于身体来表达的方式，包括外貌、动作、面部表情、眼神传达、体触和副语言。另一类是与环境相结合而发出的信息，包括空间、时间和沉默等。结合跨文化交际的特点，根据交际中信息传递的主体和呈现的客体两方面，我们将非语言交际划分为体态语、副语言、客体语、环境语。

（一）体态语

体态语，指的是使用身体动作来进行非言语交际。据不完全统计，人类可以做出的姿势多达27万种，比能发出的声音还要多。包括身势、眼部动作、面部动作、头部动作、手部动作、体触等方面。

1. 身势

身势是人类最基本的生理属性，是身体所呈现出的状态和样子，包括坐姿、站姿、跪姿、蹲姿、卧姿、走、跑等。中国的谚语"坐有坐相，站有站相"就强调了身势的重要性，身体姿势可以反映出一个人的精神状态、社会地位、个人修养、性格特点以及职业情况。步履轻盈展示心情愉悦，身体健康；步履蹒跚，多半是年长者的步伐或者身体抱恙者；脚步沉重则预示着有心事，或者遭遇不幸；严肃拘谨时正襟危坐；自由闲暇时闲散而坐。身势还能反映出文化的深层结构。比如，在日本，鞠躬是人们互相问候的方式，表现了对别人的尊重，也是一种地位的象征。地位低的人先向地位高的人鞠躬，角度通常还要比后者低。一些韩国男性习惯双腿交叉席地而坐，而在土耳其却认为这个动作令人厌恶。美国人崇尚自由，在交谈时，人们喜欢比较舒适的站姿，甚至在课堂上，也有老师双脚离地坐在讲台上与学生交流。传统的中国礼仪认为"站如松、坐如钟"，与人交谈时，无精打采、东倒西歪地站着或坐着是不礼貌的行为。调查发现，部分亚洲国家认为站立时双手交叉、抱臂站立是不礼貌的行为，而欧美国家却不这么认为。姿势具有一定的可控性，可以通过语言的提醒或命令加以改变，可以有自己习惯的先天姿势，也可以是后天学习形成的。

2. 眼部动作

"眼睛是心灵的窗户"这句话我们再熟悉不过了。透过眼部的动作、眼神的转换、目光的接触，交际双方很快就能达到信息的传递和交换。恋人之间含情脉脉的眼神，传达出爱情；父母对孩子温情的眼神，传达出亲情；犀利的眼神，让人敬畏和害怕；柔和的眼神，让人感到温暖和亲切；目光呆滞，则能反映出一个人的疲惫，精神状态不佳或者智力不足；目光灵活，则能反映一个人灵活、机智、充满活力。眼珠向不同方向转动，也可表示不同的含义,如向上看可表示傲慢、目中无人,也可能是在思考;斜眼则可表示蔑视、轻视。中国人为了表示礼貌,不会长时间直视对方,当和对方有目光接触时,会立刻回避。这体现了中国文化的含蓄和内敛的特质。而在一些欧美国家,较短的目光接触,会被认为是不尊重或者轻视。大多数中国人常常喜欢围观,而一些英语国家的人非常反感,认为这是一种没有礼貌的表现。

3. 面部动作

比起身体的其他部位,面部的动作应该是最为丰富的。以笑为例,有微笑、大笑、嘲笑、奸笑、冷笑、讥笑、皮笑肉不笑、笑中带泪等。通过面部表情,人类可以表现出态度和感情。普遍认为,人类的面部表情大部分都是先天形成的,后天影响或习得的只是一小部分。我们的喜怒哀乐可以从面部表情直观传达,因生理原因所表现出的面部特征,是人类所共有的,具有不可控性,但客观真实。如身体虚弱时面色苍白,嘴唇发紫;身体健康时,有良好的精神面貌,容光焕发等。随着情绪的起伏,通过五官的变化和配合表现出悲伤、愤怒、喜悦、恐惧、惊讶、喜欢、厌恶等。当然,因为面部动作变化莫测,我们难以辨认其具体含义,所以面部动作的表达也存在一定的模糊性。这源于不同的人对待事物的反馈不同,因而表现的程度也不同。在不同文化中,这一点尤为明显。大部分亚洲国家的人常常控制自己的情绪表达,会用比较委婉的方式来表达自己的态度,压抑自己的情绪,尽量避免将不满的情绪写在脸上。然而大部分欧美国家的人表达却要直接得多,他们不太习惯中国人太过委婉的表达方式,所以有的人会比较直接地表现自己对于事物的态度。

4. 头部动作

配合眼部动作和面部动作,头部也会随之做出相应反应。单一的头部动作表达的含义是模糊的或者并不包含任何实际意义。表示轻蔑、高傲的态度时,斜眼的同时头向斜上方抬起。点头时表示赞同,面带微笑、眼神真挚有力;如果点头的同时,带有轻蔑的、不屑的神情,冷笑或是苦笑,多是否定或不满。一些英语国家的人打招呼时,将下巴扬起,微笑并点头。近年来,受到西方文化的影响,中国人也会做出此类动作,但是常常是在熟识的人或者同辈之间,如果对长辈也采用这样的打招呼方式,会显得不够礼貌。除此以外,头部动作还可以用于指示方向。在中国,点头有同意、允许、命令、承认、认可、感谢等意思。当和别人交谈时,要不时点头表示你正在认真倾听。摇头可表示否定、抵制、拒绝、禁止等,当然也有自相矛盾的时候,比如在表达高兴和赞许时,会激动得一边摇头,一边说"我简直无法相信这是真的!""我在做梦吗?"在少数国家摇头也表示肯定,头部微向前伸表示对事情很有兴趣、愿意倾听,而头向后仰则表示漠不关心、没有兴趣、无关紧要。

5. 手部动作

人类用双手创造了世界,改造了自然界,运用手部动作来进行交流,成为非语言交际中最为细腻也最为核心的表达方式。和面部动作相比，手部动作表达更准确。前者适用于近距离交际，因此有一定的局限性。而且手部动作，在较远的距离仍然可以识别。在日常生活中，后者发挥了不可替代的作用。在一些体育比赛中，相互配合的队友在赛场上通过手势来进行交流。交通警察用手势和动作指挥交通。手部动作千变万化，难以全部收集和整理。南美洲人交流时手势较多，而大部分亚洲人认为说话时指手画脚是缺乏教养的行为。当然，因为性别不同，手势也会有所差异。比如，女人的手势比男人少，并且幅度要小一些。在一些国家，食指和中指呈"V"状，手心向外，意思是胜利，成功；大拇指和食指相扣呈圆形，竖起其余三根手指，意为"OK"，表达同意和赞许。在大多数国家，举起大拇指意味着"了不起""真棒"，然而在伊拉克，举起大拇指却有侮辱和讽刺的意味。手势动作还可以用于计数，中国人从右手拇指开始，一一弯曲手指计数，而有的英语国家的人是将一根根的手指掰开。此外，手势还可以用于方向、位置的指引，物体的描述等。

6. 体触

体触是在交际中身体的接触，握手、拥抱等都是体触的主要表现。这是最直接、最近距离的交际方式。体触的交际方式感受最直观，在交际中，感觉消失最慢，是非语言交际中的首要体现手段。然而在这一点上，中国和英语国家的差异性较大，往往会出现非语言交际的误解和障碍。中国人体触频繁，多近距离的交流，而英语国家的人体触较少。由于文化历史因素，莱杰·布罗斯纳安认为中国属于聚拢型文化，英语国家属于离散型文化。这源于中国的宗族繁衍多是群居的家庭模式，而英语国家的人多属异族混居。在日常生活中，中国的女性之间喜欢挽着手逛街或走路，而英语国家的女性则较少这样。中国和英语国家，男性之间若过多体触行为，都会让人瞠目结舌。在正式的场合，受西方文化影响，中国人会面用握手取代了传统的屈膝礼和鞠躬等礼节。

（二）副语言

与语言表达不同，副语言注重语言表达的方式，而非语言表达的内容。它是伴随着有声语言的那些没有语义的声音，也包括沉默，还可通过控制或变化音高、音量、音强、音色、音质、语速、语调、停顿等起到对语言的伴随作用。副语言主要体现在停顿沉默、声音修饰、话轮转换、非语言声音等方面。

1. 停顿沉默

在交际中，不作出有声的反馈，而是通过停顿或者沉默表达意见和看法，所谓"此时无声胜有声"。在中国人的交谈中，沉默可以表达非常丰富的含义。伴随着语言，停顿或沉默既可以表示同意，也可以是无声的反抗；既可以表示默认，也可以保留自己的看法；既可以表示顺从，也可以表示坚持自己的立场。适当地停顿或沉默会产生比语言更明确清晰的表达效果，更强有力地表明自己的立场和态度。沉默这一交际方式，在中国包括东亚其他国家（日本、韩国等）较为常见。受到儒家文化的影响，人们会比较委婉地表达自己的观点或者态度，不会言辞激烈地拒绝或者批评别人，常常用沉默来代替。而英语国家的人，虽然赞同"沉默是金"，却非常不习惯这种交际方式。成人之间的交流，如果听清楚问题，就应该有所反馈，如果对方以沉默来代替，他们会觉得不受尊重。因此，霍尔根据这一差异，划分出了"高语境文化"（high-context cultures）和"低语境文化"（low-context cultures），前者也可以叫作"依赖语境的文化"，后者也可以称为"不重视语境的文化"。

2. 声音修饰

同样一句话，如果采用不同的语调、音强、音速、音长，即使是同一个人说出来也会有不同的含义，有不同的表达效果。声音的修饰作用也正是体现在此。演讲时，抑扬顿挫的语调会吸引听众的注意，而平铺直叙的语调，会让人感到疲倦。声音的强弱可以体现一个人的性格，自信的人声音洪亮而有力，胆小的人会低声细语；情绪激动时，语速加快，音调升高；平静时则是娓娓道来，不疾不徐。声音的修饰还可以直观地反映出一个人的健康状况：健康者中气十足、沉着有力；体弱者则会软弱无力，底气不足。由于身份的不同，说话的语调也会有所不同。如果语言没有声音的修饰，将会是苍白无力的。当然，我们也应注意在不同的场合使用不同的声音修饰，避免引起他人的反感。

3. 话轮转换

话轮转换通常出现在话轮结束、话轮维持、话轮请求、话轮返回时，而且通常都是有声的反馈方式。交际是一个双向互动的过程，为保证交际顺利进行，根据合作性原则，一方在表达自己的意见看法时，另一方要作出适当的反馈。话轮转换的特点在于说话者和听话者在交际过程中角色不断转换，却很少出现重叠或者冷场。比如，在听别人说话时，听话者会不时地根据情况发出"嗯""是的"，以示你在认真地倾听。当讲话方要结束自己的发言时，会变化声调、拖长音、放慢语速等，或者给听话者一个目光的接触和暗示，示意讲话结束，听话人可以发言了。如果听话者此时不想发言，希望讲话方继续说下去，则会以一个目光接触反馈，或者用沉默代替。在会话过程中，礼貌性原则有时会被忽略。听话者不想继续听下去，想打断讲话者或者插话时，会发出一些提示声音。当讲话方希望继续讲下去，不希望被人打断时，则会加快语速，变化音量，还会使用一些字词来填补发言时的间隙。在跨文化交际中，应避免长时间独占话轮，以及随意打断他人的发言，对他人的发言不做出回应等。应遵循合作性原则、礼貌性原则以及经济性原则，在别人讲话时，认真倾听，给出恰当的反馈。

4. 非语言声音

非语言声音是没有具体含义，却可以传递信息，以达到交际目的的那些声音，也可称为功能性发声。发音器官可以发出声音，如感应叫声，在感觉到疼痛的时候，会发出"哎哟"的呻吟声；感觉寒冷时，一边跺脚、搓手，并发出"sisi"声；开心的时候，会发出"哇"的欢呼声；失望时，会发出"唉"的叹息声。除此以外，我们还可以模仿自然界的各种声音，比如狗叫声、猫叫声、鸡叫声、爆炸声、小河淌水的声音等都有相应的拟声词对应。人体内还可以发出各种声音，如咳嗽、清嗓子、打喷嚏等，在交际中，应适当地加以控制，避免在交际中出现冲突。

（三）客体语

客体语即非语言交际中，信息的传递者（客体）与讲话者（主体）之间没有直接关系，信息是由主体根据客体的具体表现，运用生活和文化常识推理和联想来获取的。如果说副语言主要靠听觉来完成交际并达成信息的传递的话，那么客体语需要通过视觉和嗅觉来解码信息。客体语是借助个人所拥有的物品，有意或无意地展示了交际者的生活习惯、个人品位、性格特征、社会地位、职业特点和文化内涵等。我们都说第一印象非常重要，在还没有进行语言交流前，首先观察的便是体貌、着装、发型、妆容、装饰品等方面。不同的外表会给人留下不同的印象，预先为我们的语言交际作出判断，提供参考。

1. 肤色与体貌特征

不同种族的人有不同的肤色、不同的体貌特征，这造就了最自然的人与人之间的亲疏关系。当然，同一种族之间肤色和体貌也存在差异。对于男性，我们可以从强健的体魄、黝黑的皮肤推测出一个人热爱运动，身体健康，性格热情而主动；从身体瘦弱、皮肤偏白可以判断这个人不喜欢到户外与人接触，性格可能比较内向，胆子较小。对于女性来说，大多数欧美国家的人认为女性身材丰腴、长相标致是美丽的标准，而亚洲国家的普遍审美标准是身材匀称、唇红齿白、皮肤白皙。烈日炎炎时，在一些亚洲国家的街头，常常会看到一些人打着遮阳伞、带着遮阳帽，做好各种防晒的措施，目的就是为了保持肌肤白净。而大部分欧美国家的女性则更愿意享受日光浴，认为小麦色的皮肤才是健康的，皮肤白与不白不会作为评判美丑的标准。

2. 服饰

纵观人类发展的历史，不难发现服饰也在随之变化。服饰一开始用来御寒遮体，大大提高了人类的生存质量。逐渐地人类运用服饰来修饰美化自己，通过服饰来展示一个人的社会地位、等级、职业、个人修养和喜好等。根据不同时期、不同民族的服饰更可以推断出当时的社会生活、政治、经济情况，反映出不同时期、不同民族的主流文化。因此，服饰成了非语言交际中一种重要的形式。服饰所体现的文化差异和交际信息也成为跨文化交际中关注的焦点。中国古代，只有皇帝可以穿龙袍，一般百姓穿布衣。历朝历代，文武百官根据品级的不同，会穿着不同的服饰。鲁迅笔下的孔乙己穷困潦倒，宁可成为"站着喝酒而穿长衫的唯一的人"，也不愿脱下长衫成为短衣帮，他固守的就是长衫下读书人的身份。国际公认着装应遵循"TOP"原则，T（time）：时间，顺应不同的季节、天气、时间着不同的服装；O（object）：对象和目标，根据不同的对象和目标，着不同的服装；P（place）：地点，服装应符合不同场地、地区、场合的要求。服饰着装应根据场合而定，显得大方得体。在办公室、教室、休闲场所、宴会厅、家里应根据具体情况选择适当的服饰。在中国，有的人喜欢穿着睡衣上街，这一点在西方人眼中觉得不可理解，缺乏礼貌。在登山或户外运动时，有的女性却穿着高跟鞋和短裙，显得不合时宜。除此以外，根据自己的身份地位、职业特点，也应选择合适的服装。在韩国和日本，人们在职场上普遍选择着正装，男性是西装，女性是西式裙装或者裤装。教师在课堂上不可着牛仔裤或者过于暴露的服装。着装时，我们也要注意搭配和穿戴的规范和原则，以免穿戴不当给别人留下不好的印象。与此同时，饰品的穿戴也值得注意。英语国家的已婚夫妇，都会在左手的无名指上戴戒指以显示自己的婚姻状况。而在中国，大多数男性婚后没有佩戴婚戒的习惯。近年来，受到西方文化的影响，有些年轻夫妇也开始佩戴婚戒。

3. 妆容和发型

在非语言交际中，妆容和发型也会起到一定的指示作用。化妆多是就女性而言，在大多数国家，女性在正式的场合一般化淡妆，显示了对会议或活动的重视和对别人的尊重；在舞台或者娱乐场所，一般会化浓妆或者比较华丽的妆容。在中国古代，成年男子会束发，而女子嫁为人妇也会挽起发髻；而在现代，女孩子出嫁当天也会盘起长发。在西式的婚礼中，新娘常常长发披肩，中国的长辈往往不能接受，在英语国家却没有这一规定。发型不同会给人展示不同的精神面貌。对女性而言，短发给人精明干练的感觉；清汤挂面式的直发则让人感觉温柔淑女；长卷发会有成熟妩媚之感。就男性而言，多为短发，少数蓄起长发的男性，给人感觉个性张扬、叛逆。

4. 身体气味

身体气味是人体散发出来的各种味道。因为饮食习惯、饮用水源、生活习惯、种族、性别、个人卫生情况以及外部环境等都可以影响人体的气味。在交际中，嗅觉可以传递这些信息，通过嗅觉我们还可以推测出种族中的家庭习惯、文化习惯。如：有些以放牧为生的族群，以牛羊肉和奶制品为主食，身体便会散发出牛羊的味道；喜食素食和稻米、小麦的族群，彼此之间不会明显感受到对方身上的体味，而对其他种族或国家的人身上的味道却非常敏感。在跨文化交际中，我们应注意自身异味的清除，比如口气、汗味、胃肠气等，应及时做好个人卫生管理，养成良好卫生习惯，正确对待并尊重别国文化和身体气味。

三、跨文化非语言交际

非语言交际需要建立在文化基础之上，不同文化背景的人交往，不仅涉及语言，而且不可避免地会涉及其他方面。语言和非语言行为之间相互依存，密不可分。试想人们在交谈时，如果面无表情，语气平平地用语言表达，这和机器人有什么两样？当今时代，不同文化背景的人接触日益频繁，跨文化交际开始越来越受到重视。在跨文化交际中，我们常常更注重语言表达，字斟句酌，希望避免发生任何语法错误。但即使你已经非常熟练地掌握了一门外语，如果忽视非语言行为的重要性，你也很难融入其他文化中，还可能造成误解和冲突。在跨文化交际中，非语言交际发挥的重要作用甚至超过语言交际，在发生交际障碍时，非语言动作可以暂时代替语言，维持交际活动，使交际可以继续开展。

（一）跨文化非语言交际的特征

科技和通信技术的快速发展，让人们的生活方式发生了翻天覆地的变化。从传统的信件、电话、电视再到网络技术的发展；从纯文字语言信息的传递，到声音语言的传输，过渡到视频图像技术的广泛使用。人类的生活从平面走向立体，从无声到有声，从狭小走向更加广阔的空间。人们正是意识到语言文字交流的不便与局限性，才会不断追求更加先进快捷的交际方式，建立更加高效的交际渠道，配合声音和动作的交际才会更加真实和形象。从某种程度上来说，从对语言交际的关注，延伸到语言交际与其他交际方式的结合，这其中最重要的部分莫过于非语言交际系统了。生活在"地球村"的人类在跨文化非语言交际中，了解交际对象的非语言交际习惯和方式，捕捉相关信息，可以及时调整交际活动，避免文化冲突和摩擦。

1. 普遍性

非语言交际行为具有普遍性，是人类所共有的动作行为。在跨文化交际中，虽然国家、种族之间有差异，但是任何人都无法回避非语言行为的表达。人有七情六欲，都有兴奋、气愤、惊讶、厌恶和悲哀等基本的感情。如卓别林的《摩登时代》等一系列经典无声电影，在全世界观众中引起了强烈的反响。哑剧作为一种艺术表演形式，不但美国观众能理解，中国观众也能会心一笑。通过画面背景和时代背景我们更能理解电影传达的讽刺意味。哑剧的语言即是非语言行为，这种非语言是世界化的，可以让所有人都能了解演员要诉说的故事。"我爱你"这三个字若是用外语说，并不见得每一个人都懂，但是用眼神再加上一些肢体语言的传达，就一目了然了。你刚到一个陌生的国度，也许不能熟练运用那儿的语言，但是你却可以和当地人进行简单的沟通。这是因为人类的基本非语言行为成了一种"世界语言"，使跨文化交际变得简单了。

2. 模糊性

非语言交际的意义是模糊的。在跨文化交际中，你永远也无法确保他人是否能够准确理解你的非语言行为所表达的含义。一个动作行为在不同的语境下、环境中，可能表示多种含义，在不同的国家、不同的文化中，解读也可能千差万别。非语言行为不仅仅是文化的产物。由于个体差异的存在，常常也有例外的情况。如前所述，全世界的人们都有同样的基本感情，但是在涉及什么事情会引起某一情感，人们在什么地方、以什么方式表达感情以及如何界定情感等方面，都因文化而异。同时，非语言行为通常是无意识发出的，因此发出的非语言行为往往有模糊不清的特征。比如，随意的一个动作，脸红低下头，这是一种很常见的现象，可能表示一个人害羞、紧张，也可能是因为做了错事，内疚自责。举起胳膊左右挥舞，通常会被理解为你在招呼或者示意。然而，就非语言动作而言，你不会清楚地了解别人怎么理解或者解读。过于激动或感动时流下了泪水，不清楚状况的人会以为你是伤心难过或是受了委屈。因此，非语言交际应该是存在于一定的语境中，你才能准确地得出它的含义，脱离于语境以外的非语言行为具有模糊的特点。

3. 复杂性

人类在漫长的演化过程中，创造了属于自己的文明。民族和种族的区分，除了外貌体格等生理特征外，还有在此基础之上所建立的与众不同的民族文化。文化的传承和影响，使得一部分人具有共同的民族文化习惯和非语言行为的表达模式。所以许多非语言行为都是文化潜移默化影响的结果。一种文化当中高雅善意的行为习惯也许在另一种文化中就是低俗恶意的体现。除了文化背景以外，非语言行为的表达方式还会受到多方面的影响，如社会背景、教育水平、性别、年龄、个人经历以及性格特质等。非语言行为是由人来发出的，人是千千万万的个体，不同的个体会有自己的行为特点、习惯动作、表达方式。非语言行为的表达在一定范围内具有共性，然而因为自身的特点，所习得的情况不同，不同的个体会有很大的差异性。加之非语言行为不是一成不变的，它是动态的、不断变化的，因而，非语言交际是复杂的、多变的。

（二）如何避免跨文化非语言交际中的文化冲突

由于在一种文化中所察觉到的行为表现或者动作与在另一种文化中所察觉到的行为表现或者动作可能不同；一种文化中高雅的举止在另一种文化中可能会被认为极为粗俗。这样，误解就会频频发生，对此不能不有所预见。由此可见，跨文化非语言交际中造成文化冲突最主要的方面在于各国家、各地区、各民族之间的文化差异。这种差异主要有几种特征：表达的含义相同，但非语言行为动作可能不同；同样的非语言行为，不同文化有不同的理解，导致含义不同；在一些文化中具有的非语言行为，在其他文化中没有；在有的文化中，只传达出一种含义的非语言行为在其他文化中可以表达多种含义。如果我们不了解交际对象的非语言交际方式或者对此不够重视，那么势必会造成文化的障碍和冲突。

要使得跨文化非语言交际获得成功，我们可能会面临很多挑战，因而我们要重视非语言交际的效能，恰当地与来自不同语言和不同文化背景的人交流。

首先，持有求同存异的态度。尊重其他民族文化，尊重别人的文化规范和价值观，在文化中寻找共性，尊重文化差异。

其次，清楚了解自身非语言交际的特点，审视自己所持的态度，了解自身的非语言交际风格，并适当控制自我的非语言表达的行为。

再次，排除自我的文化优越感，为对方考虑，把自己放进对方的文化背景中，去体会他们的感受。

最后，让非语言交际为语言交际起到很好的辅助作用，却不能过分夸大非语言交际的功能，更不能使之完全取代语言的交流。我们还应当认真倾听并理解对方的语言，并作出适当的反馈。

第二章　跨文化交际视阈下的翻译方法

第一节　英汉翻译的方法

一、具体与抽象

在英译汉中，由于受语言模式的束缚，译者往往会对一些表示抽象概念或具有深刻含义的实词或短语无从下手。如何将英语中以实喻虚或以虚喻实的表现手法在汉语中体现出来，同时符合汉语的表达习惯，这需要一定的翻译技巧。在翻译中，要学会抓住精神实质，摆脱原文表层结构的束缚，根据译入语的表达习惯，尽可能维系原文的具体性或形象性。这就涉及翻译技巧中的具体化与抽象化问题。

（一）具体化

在英语中，有时一个词、短语乃至整个句子的含义都非常笼统、含糊或抽象，这就会给翻译带来困难。为了使读者易于理解，在符合汉语表达规范的前提下，译者往往需要将这些词组或短语明确化、具体化，将它们引申为比较具体的词、词组或短语。这就是翻译的具体法，也就是原文抽象、译文具体的翻译法。

一般来说，英语中以虚代实的抽象名词所指代的对象可分为两类，一类是指代形形色色的"人"的抽象名词，例如：

Is Ruby a possibility as a wife for Richard？

鲁比是做理查德妻子的合适人选吗？

此句中的 a possibility 实际指的是 a suitable person。

Her skill at games made her the admiration of his friends.

她的运动技巧使她成为友人称羡的人。

此句中的 the admiration 可理解为 a person that causes such feelings。

She was slender, and apparently scarcely past girlhood: an admirable form, and the most exquisite, little that I have ever had the pleasure of beholding; small features, very fair.

她身材苗条，显然还没有过青春期。挺好看的体态，还有一张我生平从未见过的绝妙的小脸蛋，五官纤细，非常漂亮。

此句中的 features 一词释义有很多，如果用比较抽象的"相貌"来表达，则不能尽其意，将其具体译为"五官"则恰到好处。此外，slender 一词也做了具体化处理。

另一类是指代指各种各样具体物质的抽象名词，例如：

This is not a real gun, but it is a good imitation.

这不是一支真枪，但却是一件极好的仿制品。

此句中 imitation 指代 a thing that imitates something else。

Have you read any humour recently?

近来你读了什么幽默作品吗？

此句中 any humour 可理解为 something designed to induce laughter or amusement。

此外，由于英语和汉语两种语言在遣词造句方面的差异，英语中有时会用笼统或抽象的说法，但实际上却包含着隐而不露的具体内容。因此，在翻译成汉语时，要将这些隐而不露的具体内容表达出来，这样才会使人看得明白。例如：

PH have you all modeled in wax and clay; and the first who passes the limits I fix, shall — Ell not say what he shall be done to—but, you'll see!

我要把你们全用蜡和泥捏成模型；谁先越过我定的界限，就要——我不说要倒什么霉——可是，走着瞧吧。

此句中 what he shall be done to 是一种虚化的说法，在翻译时只能实说，在这里根据上下文译为"他要倒什么霉"，从而避虚就实地做了具体化处理。

（二）抽象化

在英语中，经常以人的某种表情或动作揭示人的内心世界，或以物质名词取代抽象名词，或是寓深刻哲理于栩栩如生的形象之中。这种以实喻虚的表达方式化抽象为具体，变空洞为形象，是一种极其巧妙的表达方式。而在翻译中，我们往往需要将原文中某些具体意义或具体形象的词组、短语等做抽象化的处理，这样既使人们对这些词语的理解上升到理性化的高度，又符合了汉语的表达规范。这就是翻译的抽象法。例如：

What is learned in the cradle is carried to the grave.

少时所学，到老不忘。

此句中的 the cradle 和 the grave 十分形象具体，读来韵感强烈，但如果译成"一个人在摇篮中所学的东西会带到坟墓中去"，从汉语的表达习惯和欣赏习惯来看，就显得过于直露，若译成"少时所学，到老不忘"，既传神又凝练。

To my confusion, 1 discovered the yell was not ideal; hasty footsteps approached my chamber door: somebody pushed it open with a vigorous hand…

使我狼狈的是我发现这声喊叫并非虚幻，一阵匆忙的脚步声走近我的卧房门口，有人使劲将门推开……

此句中的 a vigorous hand 并非指"一只有力的手",因此如果译成"有人用一只有力的手把门推开",既不符合翻译标准中的"雅",又破坏了译文语气上的连贯性,而且不符合汉语表达习惯。实际上,这是一种抽象的说法,译成"用力推开"则恰到好处。

I dragged upstairs, whence, after putting on my dry clothes, and pacing to and fro thirty or forty minutes, to restore the animal heat.

我拖着沉重的身子爬上楼,换上干衣服以后,踱来踱去走了三四十分钟,好恢复元气。

此句中"我"来回走动是为了恢复元气,如果将 animal heat 直译为"动物(人)的热量",会很令人费解,而如果做抽象化的处理,译为"元气",正好表达了该词组所体现的含义。

在很多情况下,如果上述抽象化的意译也无法保持原文的形象性,可以通过"变通"的方法。变通就是用灵活的、间接的手段维持原文的具体性。实现"变通"的一个方法是增补词汇。例如:

He bombarded her with questions.

他连珠炮似的向她提出了许多问题。

"许多"二字很好地回应了"连珠炮"一词。

There is much woman about him.

他的举止颇带女人气。

增添"举止"二字形象地表示出了"他"的性格特征。

实现"变通"的另一个方法是舍去原文中原有的具体形象,借用或套用本族语中为人熟知的形象或借喻。例如:

He gave up the sword for the plough.

他解甲归农了。

此句中 the sword 和 the plough 的内涵意义为 military service 和 agriculture。若将此句硬译成"放下了刀剑,拿起了犁耙"有悖于汉语习惯,改译为"解甲归农"则颇为传神简练。

值得一提的是,人类的语言在其丰富多彩的语言实践中不断地发展变化着。具体形象的表达总是更容易获得人们的青睐。而英语中若干具体形象的表达也在影响着汉语,以至于汉语中也出现了若干从英语脱胎而来的新鲜的形象词汇。例如:

It was in the 1960s that people in Britain began to talk about the "permissive society" and the "generation gap".

此句中的 generation gap 在汉语中曾先后被译作"长辈与年轻一代之间的隔阂"以及"世代隔阂",而今天已被广泛地译成"代沟"。与此同时,"代沟"一词也已开始见于国内的书刊及报端。

二、省略与增补

翻译的首要标准就是要忠实于原文。但是在具体的翻译过程中，为了准确表达出原文的意思，可以不必拘泥于原文用词的数量和形式。实际上，由于英汉两种语言的差异，在翻译过程中也不可能做到词的数量上的完全相等。相反，在翻译过程中，往往会根据句子的结构和意思而省略或增补一些词。因此，省略和增补是译文通顺表达必不可少的手段，是英汉翻译中的重要技巧。

（一）省略法

1. 省略法的含义

为了避免重复而将语言结构中的某个成分省略掉，从而使表达更加紧凑、清晰和简练，这种修辞方式就叫"省略"。作为语言使用中常见的现象，省略可以帮助提高语言交际的效率。而从信息成分的角度来看，语言中被省略的成分往往是那些可以从语境中推导出来的信息。具体到英译汉中，省略法也称"减词法"或"省译法"，它是指原文中的有些词在译文中可以不译出来，但译文给读者的感受和原文相同。有时，虽然在译文中没有其词，但却已经有其意或其意不言而喻，为了避免译文的累赘或突兀，将这些不符合目标语语言习惯、思维习惯或表达方式的词省略。

省略法的目的是使译文看起来更加通顺、简洁。但在翻译时，要注意省略法的原则，即不能影响或改变原文意思的完整，要做到省词不减意。同时，在使用省略法翻译时，还应当符合汉语表达的规范。在遵守这一原则的前提下，凡是违背汉语表达习惯或思维习惯的词均应删减，从而使译文明了简洁。

总之，省略法就是通过对原文语境的理解，在不改变原文意思的情况下，减掉其中的一些词汇或连接手段，从而使译文更加简洁通顺的翻译技巧。

2. 省略法的层次分类

在英译汉时，对省略法的使用可分为三个层次。

（1）词组层次

在进行词组层次的翻译时，很多情况下都可以使用省略法。例如：

in the course of the same year 同年

advertisement and commercials 广告

the old，the weak，the sick and the disabled 老、弱、病、残者

the earliest possible date 尽早

以上例子的翻译都是在保证读者能够明白原义的情况下，尽量使译文更加简练。

（2）句子层次

在英译汉中，句子层面的省略法是常见的翻译技巧。例如：

Behaviorists, in contrast, say that differences in scores are due to the fact that blacks are often deprived of many of the educational and other environmental advantages that whites enjoy.

相反，行为主义者认为，成绩的差异是由于黑人往往被剥夺了白人在教育及其他环境方面所享有的许多有利条件。

此例中，原文中的 fact 引导的是同位语从句，用来修饰 fact。而在翻译过程中，可以不译出 fact，因为后面的从句已经揭示出了 fact 的具体含义和内容。

But one basic difference of opinion concerns the question of whether or not the city as such is to be preserved.

但是，主要的意见分歧是，像目前这样的城市是否要保存下去。

原句中有 question 一词，但汉语译文既有"是否"两字，即为"问题"，故不必将 question 再译出来。同时，译文已表达了原文的含义，如把 concerns 再译为"涉及"，则译文读起来就会晦涩累赘，故不如不译。

此外，还应注意，在进行句子层面的英译汉时，有些语法功能词常常可以不译出来，这些词包括：某些物主代词；作形式主语或形式宾语的 it；不影响主句与从句逻辑关系的连接词；强调句型中的 it 和表示时间或表示地点的非人称 it。请看下面几个例子：

I hope you will enjoy your stay here.

希望您在这儿过得愉快。

You will be staying in this hotel during your visit in Beijing.

你在北京访问期间就住在这家饭店里。

以上例句都是省译了物主代词。

It is the uses to which television is put that determine its value to society.

电视对社会的价值取决于我们怎样去利用它。

Nobody knows for sure, but most experts think it will soon be difficult to obtain sufficient electricity from these sources.

谁也无法确知，但大多数专家认为，不需太久就难以靠这些资源提供充足的电力了。

Moreover, inaccurate or indefinite words may make it difficult for the listener to understand the message which is being transmitted to him.

此外，措辞不准确与不确切还会使听话人难以理解传递给他的信息。

We, especially the younger generations of China and the United States, must make common cause of our common challenges. So that we can, together, shape a new century of brilliant possibilities.

我们，尤其中美两国的青年一代，必须齐心协力，共同迎接挑战，共同创造光辉灿烂的新世纪原句中的 So that we can 作为表示因果关系的连接词，在英文中符合演讲的停顿习惯，但在翻译成中文时，可以将原文中的因果关系表达隐含在译文中，这样译文的演讲稿显得一气呵成，连贯性也较好。

3. 语篇层次

省略法还可以用在语篇翻译中，在不改变原文语义的情况下，使译文通顺简洁。例如：

The mother and the eldest daughter weeded the ridges, passing before the others…A younger son, of twelve years, brought sea sand in a donkey's creels from a far corner of the field. They mixed the sand with the black clay. The fourth child, still almost an infant, staggered about near his mother, plucking weeds slowly and offering them to his mother as gifts.

母亲和大女儿在除垄上的草，把旁人甩在后面……二儿子十二岁，从老远的地头把海滩上的沙子装进鱼篓，赶着毛驴驮了回来。他们把黑土掺上了沙子。老四还是个小不点儿，在母亲身边跟跟跄跄转悠着，慢吞吞地拔起杂草，当作礼物送给母亲。

在这段语篇的翻译中，省略了 the，a，of，and 等连词、介词和冠词，从而使译文显得更加流畅。

总之，在翻译实践中，省略法的使用非常广泛。

（二）增补法

1. 增补法的含义

"增补法"又称"增词法"或"增译法"。在进行英译汉时，根据英汉两种语言不同的思维方式和语言习惯以及句法、意义或修辞等的需要，在原文的基础上添加一些必要的语言成分，如词、短语或句子等，既能使原文中的词汇、语法、风格等在译文中表达得更加清楚明确，又能使译文更加通顺流畅，符合译入语的表达习惯。

增补法的目的是使译文更加忠实通顺地表达原文的思想内容，但是增补法并不是随意增加，更不是无中生有，而是要增加原文中虽无其词但有其意的一些语言成分，从而使译文更加流畅自然。同省略法一样，在运用增补法进行翻译时，虽然可以根据需要进行词汇、语法等方面的变通，但绝不能改变原文的思想。此外，还要注意增补适度，做到增词不增意。

2. 增补法的层次分类

作为英译汉中常用的方法和技巧之一，增补法可以运用在词组、句子、语篇等各个层次的翻译中。

（1）词组层次

运用增补法进行词组层面的翻译时，相对来说容易一些，但也应注意翻译的忠实、顺畅。例如：

smiling faces 一张张笑脸

live and learn 活到老，学到老

to wash before meal 饭前洗手

you and me 你我两人

the Soviet Union, the United States, England and France 苏、美、英、法等四国

（2）句子层次

增补法在句子层面的应用，主要分为两种情况。

①根据意义或修辞的需要增补。根据意义或修辞上的需要，在运用增补法时，可以增加七类词，即动词、表示名词复数的词、表达时态的词、表示宾语的词、副词、语气助词、概括词等。例如：

Day after day she came to her work——sweeping, scrubbing, cleaning.

她每天来干活扫地，擦地板，收拾房间。

在英语中，有些动词既是及物动词，也是不及物动词，当它作不及物动词使用时，宾语实际上是隐含在动词后面的，因此在翻译成汉语时往往需要将它清楚地表达出来。在上述例子中，如果将 sweeping, scrubbing, cleaning 分别翻译成"扫""擦""收拾"，那么不仅不能准确表达出其含义，而且也不符合汉语的表达习惯。所以，在翻译时要对其进行概念性的补充，把它们分别翻译为"扫地""擦地板"和"收拾房间"。

The teacher is not satisfied with our preparation.

老师对我们的准备工作不满意。

英语中的某些抽象名词、不及物动词或代词，如果单独将其译出，有时意思不够明确，此时可分别在其后增加诸如"工作""状态""过程""现象""情况""作用""部分""化"等概括词，这样会使原文的意思更能准确地体现出来。

其他运用增补法翻译的情况。例如：

Alter the concerts, the banquets and the basketball exhibition, she went home tiredly.

在出席音乐会、参加宴会、观看篮球表演之后，她疲倦地回到了家里。（在译文中增加动词"出席""参加""观看"）

As for me, I did not agree from the very beginning.

至于我呢，从一开始便不赞成。（在译文中增加语气助词）

She sank down with her face in her hands.

她两手蒙着脸，一屁股坐了下去。（在译文中增加副词）

②根据语法或句法的需要增补。在英语语法或句法中，往往省略某些词后照样可以达

到完整表达意思的功效。但在翻译成汉语时，往往要把这些省去的词或成分增译进去，才能在语法上说得通。例如：

Reading makes a full man; conference a ready man; writing an exact man.

读书使人充实；讨论使人机智；写作使人准确。

在英语中经常使用省略句，因此在翻译时要根据汉语的表达习惯对省略的部分做适当的增补。例如上句中 conference 和 writing 后面都省略了动词 makes，在翻译时要进行补充。

Who is the fastest of the Athens Olympic Game?

谁是雅典奥运会中跑得最快的人？

在英语中，有些词语或句子成分可以根据习惯或语法规则省去，但并不影响意思的清楚表达。但在翻译成汉语时，要根据汉语的语法规则和习惯予以增补。在本例中，"the+形容词"可用来表示一类人或东西，the fastest 就表示"跑得最快的"，而在雅典奥运会中跑得最快的当然是某个人，而非其他什么东西，因此在翻译时要增补"人"。

（3）语篇层次

运用增补法进行词组、句子、语篇等层次的翻译时，语篇层次的翻译是最复杂的。语篇翻译不仅要求词组和句子要翻译恰当，而且要求整个语篇具有较好的连贯性。例如：

Earl and I decided to walk our dog. Somehow our Path took us toward the park, across the footbridge high shove the rolling waters of the Los Angeles River. It is like a dream to me now, floating through my mind in slow motion. Many children were playing close to the waters.

我和艾勒决定把狗带出去遛遛，不知不觉朝公园走去。公园就在小桥那边。桥下很深的地方，汹涌的洛杉矶河水滚滚流过。现在回想起来，就仿佛是一场梦，当时的情景还在我脑海里缓缓浮动。那一天，许多孩子在靠近水边的地方玩耍。

在以上语篇的翻译中，涉及了对词组 walk our dog 的翻译，还涉及起连贯作用的"当时的情景"和"那一天"的增补。

三、反译与正译

英语和汉语两种语言都可以从正面或反面来表达同一概念。所谓"反面表达"，就是指在原文中含有否定说法，简称"反说成分的词句"。在英语中如 no, not, never, dis-, im-, ir-, un-, de- 等，在汉语中如"没""不""莫""勿""别""休""否""未"等。而如果英语或汉语中不含以上这些成分的词句则称为"正面表达"，或称为"肯定说法"，简称"正说"。从原则上来说，英语的反说最好译成汉语的反说，英语的正说最好译成汉语的正说。但在实际的翻译中，英汉两者的正反表达形式有时并不能完全吻合，且为了使表达更为顺畅，符合译入语的表达习惯，必须进行正反的转换翻译。这就涉及"反译法"和"正译法"，它们作为翻译方法，其目的是解决翻译过程中遇到的表达方面的困难，从而使译文更加通顺达意。

（一）反译

"反译法"又称为"正义反译法"，它是指在英语中有些从正面表达的词语或句子，在译成汉语时可以从反面来表达。

在英语中，有些词或短语，其形式是肯定的，但其本身却暗含着否定的概念，因此在翻译时要将其译成否定句，表示出其含有的否定意义。如 live up to the Party's expectations（不辜负党的期望），be absent from the meeting（没有出席会议），a final decision（不可改变的决定）等。下面我们就从词、短语、句子三个层次具体分析反译法在翻译中的使用。

1. 词的层次

在英语中有很多词本身就含有否定意义，在翻译时要注意将其否定的含义译出。

（1）动词

例如：

Such a chance denied me.

我没有得到这个机会。

原文中的 denied 从正面表达，在译文中"没有得到"从反面表达。

The window refuses to open.

窗户打不开。

原文中 refuses 从正面表达，在译文中"打不开"从反面表达。

The scientist rejects authority as an ultimate basis for truth.

科学家不承认权威是真理的最后根据。

原文中的 rejects 是从正面表达的，译文"不承认"从反面表达。

I missed the bus.

我没有赶上公共汽车。

原文中的 missed 是从正面表达的，译文中"没有赶上"从反面表达。

（2）名词

例如：

He was in ignorance of our plan.

他不知道我们的计划。

ignorance 本身就含有否定的含义，因此在译文中要作出反译的处理。

This failure was the making of him.

这次不成功是他成功的基础。

原文中的 failure 属于正面表达，在译文中"不成功"从反面表达。

Men cannot live in the absence of water and air.

没有水和空气，人就无法生存。

原文中的 absence 本身就含有否定意义，因此在译文中要作出反译的处理。

（3）形容词

例如：

The explanation is pretty thin.

这个解释站不住脚。

原文中 thin 从正面表达，译文"站不住脚"从反面表达。

She is not stupid, merely ignorant.

她并不愚笨，只是无知而已。

原文中 ignorant 从正面表达，译文"无知"从反面表达。

She seems very reluctant to send the money to me.

她似乎很不情愿借给我钱。

原文中 reluctant 从正面表达，译文"不情愿"从反面表达。

Deception is foreign to her nature.

欺骗与她的本质格格不入。

原文中 foreign 从正面表达，译文"格格不入"从反面表达。

（4）副词

例如：

I little knew what trouble he was going to have.

我根本不知道他会遇到什么麻烦。

原文中 little 从正面表达，译文"根本不知道"从反面表达。

They may safely say so.

他们这样说万无一失。

原文中 safely 从正面表达，译文"万无一失"从反面表达。

He evidently thinks otherwise.

他显然有不同的想法。

原文中 otherwise 从正面表达，译文"不同的"从反面表达。

（5）连词

例如：

Life may turn out to be the true, rather than exception.

很可能生命是普遍存在的，而不是一种例外，这一点很可能得到证实。

原文中的 rather than 在译文中译为否定结构"而不是"。

I will not go unless I hear from him.

如果他不通知我，我就不去。

原文中由 unless 引导的肯定句译为否定句。

（6）前置词

例如：

It was beyond your power to sign such a contract.

你无权签订这个合同。

原文中 beyond 从正面表达，译文中的"无"从反面表达。

This problem is above me.

这个问题我不懂。

原文中 above 从正面表达，译文"不懂"从反面表达。

I borrowed some books other than novel.

我借了几本书，都不是小说。

原文 other than 从正面表达，译文"不是"从反面表达。

2. 短语层次

在翻译过程中，有时要将英文中表达肯定意义的短语译为否定意义。例如：

We believe that the younger generation will prove worthy of our trust.

我们相信，年轻的一代将不会辜负我们的期望。

原文中的 worthy of our trust 是表达肯定意义的短语，在翻译时要译出表达否定意义的"不会辜负我们的期望"。

We must bear in mind that the great proportion of books, plays and films which come before the censor are very far from being "works of art".

我们要牢记送到审读员面前的大量书刊、戏剧和电影远非"杰作"。

原文中（be）far from 在英语里是正面表达，但其含义是 not at all，故译为"远非，远不是，一点也不是"。

She is dying with only strangers around.

她临终前身边一个亲人也没有。

原文中的 with only strangers around 是表达肯定意义的短语，但在翻译时要译为表达否定意义的"身边连一个亲人也没有"。

It's dishonest scheme and I'm glad to be out of it.

这是一个不光彩的计划，我很高兴没有参与。

原文中表达肯定意义的短语 out of it 反译为表达否定意义的"没有参与"。

3. 句子层次

在翻译时，有时要将英文中表达正面意义的句子译为否定意义的语句。例如：

He was 78, but he carried his years lightly.

他 78 岁了，可是并不显老。

原文中表示肯定意义的 but he carried his years lightly 被反译为具有否定意义的 "但是并不显老"。

If it worked once, it can work twice.

一次得手，再次不愁。

此句是将原文中的 it can work twice 译为单句 "再次不愁"。

I prefer watching television to listening to music.

我喜欢看电视，不喜欢听音乐。

此句中的介词 to 前表示肯定，后表示否定，翻译为 "喜欢……而不喜欢……"。

此外，还有些句子要通过上下文，并根据逻辑推理，仔细推敲其中关键词的实际含义，然后再采取适当的反译法进行翻译。例如：

In fact, the willingness to experiment is one of the most striking features of China today, and it seems to be rooted in confidence rather than security.

实际上，这种试验的愿望是当今中国最显著的特点之一。它来源于信心，而不是出于不稳定感。

此句中 security 其实指的是 insecurity。作者是说中国对未来充满信心而大胆进行改革试验，并不是因为国内混乱和不稳定才被迫改革。

在英语中还有这样一种情况，即原词所表达的并不是其字面意义，而是其字面意义的反义，或者说是对其字面意义的否定。例如：gas mask（防毒面具），crisis law（反危机法案），tear test（抗拉扯实验），the head of the story（故事的后面）等，在翻译中要注意。

总之，反译就是将原文中个别词语所包含或暗含的否定意义翻译成汉语，使译文与原文所表达的真正含义相一致。

（二）正译

"正译法" 又称为 "反义正译法"，它是指在英语中有些从反面表达的词语或句子，在译成汉语时从正面来表达。在英语中，有些词或短语，其形式上是否定的，但其内容却含有强烈的肯定意义，因此在翻译时要使用正译法将其译成肯定句。

1. 词的层次

（1）动词

例如：

You should lose no time in doing this job.

你应该抓紧时间做好这件事。

原文中的 lose no time in doing 被正译为"抓紧时间做"。

The doubt was still unsolved after her repeated explanations.

虽然她一再解释，疑团仍然存在。

原文中表示否定意义的 unsolved，译为表示肯定意义的"仍然存在"。

His conduct was nothing short of madness.

他的行为简直是发了狂。

原文中的 nothing short of 被正译为"简直是"。

The examination left no doubt that the patient died of cancer.

检验结果清清楚楚地表明病人死于癌症。

原文中的 left no doubt 被正译为"清清楚楚地表明"。

（2）名词

例如：

She manifested a strong dislike for her father's behaviour.

她对父亲的行为表示出强烈的厌恶情绪。

原文中 dislike 被正译为"厌恶情绪"。

It was said that someone had sown discord among them.

据说有人在他们中间挑拨离间。

原文中 discord 被正译为"挑拨离间"。

（3）形容词

例如：

All the articles are untouchable in the museum.

博物馆内的所有物品禁止触摸。

原文中 untouchable 被正译为"禁止触摸"。

It was inconsiderate of him to mention the matter in her hearing.

他实在太轻率，竟然在她听觉所及之处谈论此事。

原文中 inconsiderate 被正译为"轻率"。

She was in an uncomfortable predicament.

她陷于困窘的艰难处境中。

原文中的 uncomfortable 正译为"困窘的"。

（4）副词

例如：

He answered me indefinitely.

他含糊地回答了我的问题。

原文中 indefinitely 正译为"含糊地"。

He said the Soviet Union was unprecedentedly engaged in a missile building program.

他说苏联正以空前的规模推行制造导弹的计划。

原文中 unprecedentedly 被正译为"空前的规模"。

Many agreed that the Prime Minister had in effect resigned dishonorably.

许多人认为首相辞职实际上是很丢人的。

原文中 dishonorably 被正译为"很丢人的"。

She carelessly glanced through the note and got away.

她粗略地看了看那张便条便走了。

原文中 carelessly 被正译为"粗略地"。

2. 短语层次

翻译过程中有时要将含否定意义的英语短语做正译的处理。例如：

She is no less active than she used to be.

她和从前一样活跃。

no less…than 正译为"和……一样"。

We cannot be too careful in doing experiments.

我们做实验越仔细越好。

cannot be too careful 正译为"越仔细越好"。

I have no more than twenty dollars in my pocket.

我口袋里只有二十美元。

原文中的 no more than 正译为"只有"。

She cannot see enough of him.

她总愿意和他待在一起。

原文中的 cannot see enough of 正译为"总愿意和××待在一起"。

3. 句子层次

句子层次的正译也是正译法的重要组成部分。例如：

Man in general does not appreciate what he has until he loses it.

一般人要等到失去他的所有才知道珍惜。

until 后的动作一完成，主句的动作便开始向相反的方向转化，便成为肯定，因此要译成"等到……才……"。

He is too angry not to say it.

他盛怒之下肯定会那么说的。

原文中的 too 其本身就暗含有一种否定，再加 not 则成为否定之否定，形成一种强烈的肯定，意思为"太……一定会……"。

It was not until yesterday that I got the news.

直到昨天我才听到那个消息。

这种结构表示前后两个连接很紧的动作。until 后的动作一完成，主句的动作便开始向相反的方向转化，成为肯定，译为"直到……才……"。

通过对词组、短语、句子层次的分析，可以看出正译法的使用情况。事实上，正译法的使用可大致分为三类。

①第一类是用在祈使句中，祈使句中的否定说法有时会被正译，因为说话人或作者想表达的通常是一个正面的意义。例如：

No deposit will be refunded unless ticket produced.

凭票退还押金。

②第二类是用在否定之否定，即双重否定句中。例如：

There can be no sunshine without shadow.

有阳光就有阴影。

We must never stop taking an optimistic view of life.

我们对生活要永远抱乐观态度。

Such mistakes couldn't long escape notice.

这类错误迟早会被发觉的。

③第三类是英语中的有些否定表达在翻译成汉语时，为了符合汉语的语言表达习惯，而使用正译法。例如：

Even so, I still insist that for the individual himself nothing is more important than this personal, interior sense of right and wrong.

即便如此，我仍坚持认为，对个人而言，最重要的莫过于这种根植于个人心灵深处的是非感，以及坚决按这种是非感行事的决心。

综上所述，无论是正译还是反译，都是在翻译时力求突破原文的形式，采用变换语气的办法处理原句，将否定的译成肯定的，将肯定的译成否定的。这种翻译技巧的目的是使翻译在不失原意的基础上更加符合译入语的思维方式和表达习惯，从而使译出的话语更加地道。此外，有些正反译法的使用可以帮助增强修辞效果，但在使用的时候需要非常谨慎。例如：

Sir William and Lady Lucas are determined to go, merely on I hat account, for in general you know they visit no new comers.

威廉先生和卢卡斯夫人打定主意要去，还不就是为了这个缘故，因为你知道，他们通常是不去拜访新搬来的邻居的。

四、被动与主动

汉语和英语是两种完全不同的语言体系。汉语是综合性语言，而英语则是分析性语言。英语较多使用被动形态，而在汉语的思维中很少有被动的概念，相应地在汉语中较少使用被动语态。在英译汉的翻译实践中，英语的被动语态很多情况下都可译成汉语的主动形态。

（一）英汉语言中的被动句

英汉语言中均有被动语态，只不过是由于表达方式和习惯的不同，使用的频率不同罢了。在英语中，被动语态是常见的语法现象，尤其是在一些新闻媒体文章、科技文章以及官方文章当中。英语的被动语态较典型的是用系动词 be+过去分词，从而构成各种时态的被动式，其表达的意义也极广泛。而汉语的被动形式则不如英语丰富，缺乏被动结构。汉语中比较典型的被动如古语中的"为……所""于""予以……"等。而"被"字出现的时间则较晚，起初多用来表达不幸的遭遇，演变至今已成为中性词。其实，在现代汉语中，有很多表达被动意义的方式，如"让""叫""遭（受）""给"等。例如：

He was beaten.

他让人揍了一顿。（或他被打了/他挨打了。）

Such conduct will be looked down upon by all with sense of decency.

这种行为将会为一切有良知的人所不齿。

在英语中还存在一种情况，就是用主动形式来表达被动意义。用主动形式表达被动意义的词有很多，如 wash, open, close, sell, burn, brew, deepen, widen, clean, need, require, keep 等。例如：

The system needs updating.

系统需要升级。

This book sells very well.

这本书非常畅销。

The door won't close.

门关不上。

（二）英语被动句的翻译

1. 英语被动句译为汉语主动句

在英语中，由于动作的施动者不明或为了避免提及或由于句子连接或文体的需要，常常采用被动形式，而在汉语中被动式的使用不如英语频繁，因此在翻译时很多英语的被动式要转换成汉语的主动式。例如，可以采用泛称、无主句、把字句等形式进行变通，表达被动意义。例如：

Production costs had been greatly reduced.

生产成本大大降低了。

It must be noted that learning must be done by a person himself.

必须指出，学习只能靠自己。

Our country is blessed with unsurpassed natural resources.

我国具有得天独厚的自然资源。

Language is shaped by human thought.

人的思想形成了语言。

在英语的被动句中有一种经常出现的句型，即 it is/must；be/should be…that…这类句子通常由于各种原因不说出动作的施动者，而用 it 作为形式主语，在汉语中要用主动形式表示出来。例如：

It should be understood that to err is human.

应当理解，犯错误是人之常情。

It is known to all that she is working very hard.

众所周知，她很努力地工作。

2. 英语被动句译为汉语被动句

虽然在很多情况下，英语的被动句都被译为汉语的主动句，但有时英语的被动句也可以译为汉语的被动句。通常，这类句子都是着重被动的动作；而动作的施动者，有些说出来了，有些则没有说出来。在翻译这类句子时，通常以"受""遭到""被"等来表达被动含义。例如：

They were given a hearty welcome.

他们受到了热烈的欢迎。

The window was broken by a boy playing football.

窗户被一个踢足球的男孩打破了。

Our roof was seriously damaged in last night's storm.

在昨夜的暴风雨中，我家的屋顶遭到了严重破坏。

五、语序的调整

英译汉的翻译方法和技巧是建立在英汉两种语言的对比之上的。这两种语言在词汇和句法方面的一些表达手段上各有其特点。也正是由于英语和汉语在表达手段和习惯上的差异，在英译汉的翻译实践中需要引入对语序调整的翻译方法。

（一）语序调整的含义及必要性

"语序"是指句子中各个成分或各个词的排列顺序，它是词语和句子成分之间关系的体现，反映了语言使用者的逻辑思维和心理结构模式。而语序处理是指在翻译过程中的语序调整。

英汉两种语言在语序方面既有相同之处，也有不同之处。相同之处体现在两种语言都以"主语+谓语+宾语"或"施事+行为+受事"为基本语序。不同之处则体现在语言句内和句间语序的灵活性以及定、状语等次要成分位置的差异。具体来说，在时间上，汉语通常是按事件发生或出现的先后顺序排列，而英语句子的语序主要根据语境的需要来安排。在事理上，汉语的次序一般比较固定，通常按照先因后果、先条件后结果、先假设后可能的顺序排列，而英语的语序则比较灵活，但通常是开门见山，直奔主题，然后再做解释。当就某事发表评论或观点时，汉语通常是先叙述后表态，即先描述事实，再做判断或下结论。英语则正好相反。通常是先评论或表态，然后再说明有关情况。在英译汉的翻译过程中，如果不熟悉两种语言语序的异同，就很容易造成译文不通顺或引起各种误解。因此，在翻译中对语序的处理是必要的，而这也是使译文标准、通顺所不可少的手段。

（二）语序调整的分类

语序的调整在翻译中也可称为"倒置法"。语序的调整主要涉及词序和句序两方面的调整。

1. 词序的调整

虽然英汉语句中的主要成分主语、谓语、宾语或表语的词序基本上是一致的，但各种定语的位置和各种状语的次序在英、汉语言中则有不同之处，这主要表现为定语和状语的前置与后置，以及多重修饰语在句中的位置次序的差异。汉语中的定语修饰语和状语修饰语往往位于被修饰语之前；而在英语中，许多修饰语常常位于被修饰语之后。因此，翻译时需要把原文的语序颠倒过来。

（1）定语的位置

①单词定语的位置。在英语中，单词作定语时，通常放在它所修饰的名词前，汉语中也大体如此，因此在翻译时一般采用同样的语序。但是有时英语中有后置的单词定语时，译成汉语时一般都前置。例如：

something important 重要的事情

life expectancy 预期寿命

如果英语中名词前的定语过多，在翻译时，不宜将这些定语完全前置，因为汉语不习惯在名词前用过多的定语。汉语通常将最能表明事物本质的定语放在最前面，而将表示力量强弱、规模大小的定语放在后面。例如：

a little，yellow，ragged beggar 一个要饭的，身材矮小，面黄肌瘦，衣衫褴褛

a modem，powerful socialist country 社会主义的现代化强国

②短语定语的位置。在英语中，修饰名词的短语一般都放在名词之后，而汉语则主要视习惯而定。例如：

their attempt to cross the river 他们渡江的企图

the decimal system of counting 十进制计算法

（2）状语的位置

①单词状语的位置。英语中单词作状语修饰动词时，一般放在动词之后，而在汉语里则放在动词之前。例如：

Modern science and technology are developing rapidly.

现代科学技术正在迅速发展。

在英语中，当单词作状语修饰形容词或其他状语时，通常放在它所修饰的形容词或状语的前面，汉语中也大致如此。例如：

He was very active in class.

他在班上很活跃。

在英语中表示程度的状语在修饰状语时可前置也可后置，而在汉语中一般都前置。例如：

He is running fast enough.

他跑得够快的了。

②短语状语的位置。英语中的短语状语可放在被修饰的动词之前或之后，在译成汉语时则大多数放在被修饰的动词之前，但也有放在后面的。例如：

A jeep full sped fast，drenching me in spray.

一辆坐满人的吉普车疾驶而过，溅了我一身水。

英语中的地点状语一般在时间状语之前，而汉语中时间状语则往往放在地点状语之前。例如：

She was born in Beijing on July 25，2001.

她是 2001 年 7 月 25 日在北京出生的。

英语中如果有两个或两个以上的时间状语（或地点状语），其排列一般是从小到大，而在汉语中则是从大到小。例如：

The new students were working at the laboratory from 8 to 12 this morning.

今天上午 8 点到 12 点新同学在实验室工作。

2. 句序的调整

句序的调整主要出现在英语复合句中，主要包括逻辑顺序的调整和时间顺序的调整。

（1）逻辑顺序的调整

①在表示目的与行动关系的英语复合句中，目的与行动的顺序比较固定，多数是行动在前，目的在后。在汉语中也是如此，但有时为了强调，可把目的放在行动之前。例如：

Better take your umbrella in case it rains.

最好带上伞以防下雨。

②在表示条件（假设）与结果关系的英语复合句中，条件（假设）与结果的顺序也不固定，在汉语中则是条件在前，结果在后。例如：

I still hope you will come back if arrangements could be made.

如果安排得好，我还是希望你来。

③在表示因果关系的英语复合句中，因果顺序灵活，在汉语中多数情况是原因在前，结果在后。例如：

He had to stay in bed because he was ill.

因为他病了，所以只好待在床上。

（2）时间顺序的调整

①如果英语复合句中包含两个以上的时间从句，则各个时间从句的次序比较灵活，而汉语一般按事情发生的先后安排其位置。例如：

He had flown yesterday from Beijing where he spent his vocation after finishing the meeting he had taken part in Tianjin.

他本来在天津开会，会议一结束，他就去北京度假了，昨天才坐飞机回来。

②在英语复合句中，表示时间的从句可以放在主句之前，也可以放在主句之后，汉语中则通常先叙述先发生的事，后叙述后发生的事。例如：

I went out for a walk after I had my dinner.

我吃了晚饭后出去散步。

第二节　汉英翻译的方法

一、主语的确定

英汉两种语言都有词、短语、句子、段落和篇章五个层级。由于英汉两种语言在思维模式和表达习惯上存在很大的差别，以词或短语为翻译单位是不现实的；而汉语句子则容易识别，在理解时容易分析，在表达时又比较容易转换成对应的英语句子。从这个角度来说，句子是较为理想的翻译单位。汉语是语意性语言，它力求考究字与语意及其相关关系，注意内容的意会性，其主语可以由不同类别的词语担当，经常出现主语隐含、不显或无主语的情况，而谓语成分比较复杂，且不受主语支配，没有人称、数、时态的变化，句与句之间多无明示逻辑关系的连接词，汉语句子形式看似松散，如流水般无定式可依。英语则为形合语言，其重点研究主谓、序列及其相关词类，句子结构受形式逻辑制约，注重形式严谨。英语中的主语突出，易于识别，只能由名词或名词性的词语担当，谓语绝对地受主语支配，在人称和人数上必须与主语保持一致，有语态、时态和语气方面的变化，句与句之间都有明示逻辑关系的连接词相连，英语依法构句，形式完整而严密。因此，在汉译英的翻译过程中，必须确定好主语，这是翻译过程中不可忽视的重要问题。

（一）主语确定的原则

1. 必须是句中应该突出的信息

在英语中，强调句子的重要信息应放在主要位置即主语位置上，而在汉语中并没有这样的要求。由于这种对主语要求的不同，即使原文中的句子有主语，在翻译中也不一定用来作相同的主语，汉语句子中的主语不一定适合作英语句子的主语。这就要求在翻译中做相应的调整。例如：

到去年年底，北京已经与好几个国家签订了建造拉索桥的合同协议。

By the end of last year, contracts or agreements were signed with some countries for the construction of chain bridges of Shanghai.

明年将出版更多的儿童读物。

More books for children will be published next year.

热烈欢迎世界各地客商来建立和发展贸易关系。

Customers all over the world are warmly welcome to establish and develop business contacts with us.

2. 必须符合英美人的思维方式

英汉两种语言的思维方式和视角存在很大的差别，这主要与东西方传统文化的差异有关。一般来说，中国文化中具有很强的天人合一的观念，因此中国人在表达观点时十分注重主体意识，经常是以具体的或有生命的代词或名词作主语，多用主动语态和无主句。主语有时也会省略，但主体意识仍然强烈，使人很容易就能体会到。而以英语为母语的人，他们比较强调客观，注意客观事物对人的影响和作用，所以英语中经常以抽象的或无生命的名词作主语。因此，在翻译过程中确定主语时应牢记这一点。例如：

我昨天收到你的信。

Your letter reached me yesterday.

她从来没想到他是个不诚实的人。

It never occurred to her that he was a dishonest man.

在南京城发生过许多重大历史事件。

Many great historic events have happened in Nanjing.

3. 必须符合上下文连贯的需要

句子的主语在句子中起着举足轻重的作用，它对连词成句、连句成篇以及句子的承上启下至关重要，因此在翻译过程中，必须考虑上下行文的连贯一致。在汉语中，相邻几句的主语可以不一致，汉语中有时一段话中存在大量流水句的现象。但在英语中，相邻的几个句子在结构上要保持一致。而为了保持连贯，英语往往通过避免重复原词，而更多地使用替代或照应的方式来作为上下文衔接连贯的手段。在翻译时，应对此格式注意。例如：

语言这东西不是随便可以学好的，非下苦功不可。

The mastery of language is not easy and requires painstaking effort.

我走过去，他向我伸出手。我的手被握在他粗糙的长满硬茧的手里。

I walked to him and took his outstretched hand which was rough with callus。

在这句话中，短短十几个字中就出现了三个主语，因此在英译时要考虑主语如何统一的问题。而上面译文将三个主语"我""他""他的手"处理成统一的"我"，做到了行文流畅。

4. 必须符合句子的逻辑搭配关系

有时，汉语中的主语并不适合做英语中的主语，这是因为汉语和英语的主谓搭配习惯不同。因此，在汉译英时要进行适当的调整。例如：

读书可以增长知识。

Through reading one can acquire knowledge.

她的英语讲得很好。

She speaks good English.

（二）主语确定的方法

1. 增补主语

在汉语中，经常出现主语隐含不显或无主语的情况。因此在译成英语时必须按照英语的规则，增补出主语。主语的增补是无主句翻译的一个方法，但这里所添加的主语不能由原句中的其他成分来充当，而是要根据汉语的意思推导出一个逻辑主语。故在增补主语时要考虑语境、英语的语法习惯和行文的需要。当然，并不是所有的汉语无主句在英译时都需要增添主语，要视情况而定。例如：

不懂就是不懂，不要装懂。不要摆官架子。钻进去，几个月，一年两年，三年五年，总可以学会的。

We must not pretend to know when we do not know. We must not put on bureaucratic airs. If we dig into a subject for several months, for a year or two, for three or five years, we shall eventually master it.

在此句中，虽然没有明确说出主语，但"不懂""装懂"的主语显然是"人"，是"我们"。

下雨了。

It is raining.

在汉语中有些句子可以没有主语，但英语句子往往必须有主语。在找不到表示人或事物的名称或代词时，英语中常常用 it 作为形式主语，这也是英语重形式的表现。

2. 以原文主语作译文主语

在汉译英时，以原文主语作为译文主语的场合很有限。在英语句子中，主语只能是名词、名词性的词语或主格人称代词。如果汉语原文中有明确的主语，且该主语由名词或主格人称代词充当时，可以以原文主语作为英语译文的主语。例如：

如果说词汇是语言的"建筑材料"，那么句子便是文章的"基本部件"。

If vocabularies are the building materialsn for languages, sentences are the "fundamental parts" of writings.

自古以来一切有成就的人，都很严肃地对待自己的生命。

Throughout the ages, all people of accomplishment take their lives seriously.

假日里，青年人成双成对漫步在公园里。

The young people in pairs and couples rambled about the park on holidays.

以上三个例子中，汉语句子的主语都是名词。由于名词在英语句子中可以直接充当主语，所以在翻译的时候可以直接对应下来，确定这个名词为译文的主语。

3. 重新确定主语

在汉译英中，经常会出现需要重新确定主语的情况。由于英汉两种语言存在较大的差异，有时候如果确定汉语句子的主语为英语译文句子的主语，常常会导致英语句子的逻辑比较混乱，而不能直接对应。这时就有必要重新选择和确定主语，目的是保证译文行文流畅，并行使与原文相似的功能。译文的主语可以从原句中挑出其他词来充当，也可以由句外的词语来充当。例如：

目前在中国正进行着一场意义深远的社会和经济改革。

At present, a sweeping and profound social and economic reform is being carried out in China.

此句的汉语原文是一个无主句。显然，我们可以确定汉语的宾语为英语的主语，使用英语的被动结构来翻译，这就避免了需要去找一个动作发出者来充当主语的情况。

树缝里也漏着一两点路灯光，没精打采的，是瞌睡人的眼。

Here and there a few rays from street-lamps filtered through the trees, listless as the eyes of one who is dozing.

此句中以"树缝"作为句子的开头，但再往后看，显然"路灯光"才应该是作者想表达的。因此，在译成英语时，a few rays 就顺理成章地被确定为主语。

他的身材魁梧，生一副大长方脸，嘴巴阔大，肌肤呈着紫檀色。

He was a giant of a man with a long square face, a wide mouth and a complexion surfused with the colour of read sandalwood.

从形式上看，汉语的主语中心词是"身材"，但是随后的三个部分的内容"生一副大长方脸，嘴巴阔大，肌肤呈着紫檀色"都是在说明"他"而不是"他的身材"。我们当然不能说"他的身材生了一副大长方脸"，因此可以确定以汉语原文主语中心词的修饰语"他"来充当英语译文的主语。

二、谓语的确定

在汉语中，谓语的范围非常广泛和复杂，可以用来充当谓语的成分也多种多样。例如，名词、数词、形容词、介词短语等都可以直接作谓语。而英语句子中的谓语则相对单一，只能由动词或动词短语来充当。汉语中的谓语可以是一个主谓词组，而英语中的主谓词组是不能充当谓语的。此外，汉语的谓语动词多用主动式，而英语的被动句则用得比较多。在汉译英中，有时可以选择与原文相对应的谓语。但是在大多数情况下，既不能照搬原文的主语，也不能照搬原文的谓语，而是需做一定的调整，或是寻找新的谓语。而谓语的确定又与主语的确定密切相关。主谓语的确定顺序，孰先孰后很难分清，但必须遵循主谓一致的原则，符合英语的表达规范。

（一）谓语确定的原则

1. 必须与主语保持一致

主谓保持一致主要体现在以下三个方面。

①在逻辑上必须与主语保持一致。例如：

这次旅游可选择的地方有北京、贵州或海南。

The tour will include Beijing, Guizhou or Hainan.

解决中国人的吃饭问题，任务艰巨，困难不少，但潜力很大，前景广阔。

China has had great difficulty in solving her problem with food provision. But she also has great potential and prospects for having her people well fed.

②在人称与数上必须与主语保持一致。例如：

当前，我国成人教育和职业教育正在加快发展。

Adult education and vocational education are being pushed on energetically in our country.

乡镇企业的繁荣是我国农村改革的必然产物。

The prosperity of township enterprises is the inevitable outcome of the economic reform in the rural areas.

③在时态上必须与主语保持一致。例如：

他过去的那副尊容，只要你见过一次，无论什么时候你都不会忘记。

He had a face that once you saw is never forgotten.

2. 必须与谓语在逻辑上搭配得当

这也是谓语确定的重要原则。例如：

在这次讲座中，我们学到了许多美国历史方面的知识。

We obtained much knowledge of American history from this lecture.

3. 灵活原则

①如果要突出宾语，则往往需将宾语置于主语的位置，谓语动词采用被动式。例如：

我们知道，发电站每天都大量地生产着电能。

As we know, electrical energy is produced in power stations in large amounts every day.

②如果原文是形容词短语、数量词、名词性短语或介词短语作谓语，译文常采用系表结构作谓语。例如：

你们一定知道，这种打字机轻便高效，经久耐用又经济实惠，适合高中学生使用。

You are well aware that this type of typewriter is portable and durable, economical and practical for high school students.

③如果原文中有几个动词同时出现，译文可以选择一个主要动词作谓语，其他动词用其他形式。例如：

第二天早晨，他腋下夹着几本书回来了。

The next morning, he came back with some books under his arm.

④如果原文主语为"大家""人们"等，或不知道原文的谓语施动者，或句中含有"据说"等字眼，译文的谓语可采用被动句式。例如：

家家房顶上都装了供沐浴用的太阳能热水器。

A solar heater is installed in the roof of every house, providing warm water for the shower.

（二）谓语确定的方法

1. 基于构句的需要

在汉译英中，选择谓语时考虑构句的需要，是指译文必须遵守英语语法规范表达、地道自然的要求，谓语的动词时态、语态要正确，句式要连贯顺畅。例如：

液体的形状总是随容器的变化而变化，因为液体没有自己的固定形状。换言之，无论你把它放在什么样的容器中，其形状总是和容器内壁形状完全一样。

Since a liquid has no definite shape of its own, it varies in shape from container to container. In other words, in whatever container it is poured, the liquid will take exactly the interior shape of the container.

译文和原文一样包含两个主从复合句，原文中主语分别为"形状""液体""你"和"形状"，译文中则全都用 liquid 及其代词 it 作主语。按照英语主谓一致的原则和动词的时态、语态的要求，谓语分别为第三人称单数的一般现在时 has 和 varies、一般现在时被动语态 is poured 和一般将来时 will take。由于原文是科技文，为了体现英语译文科技文体阐述科学道理的无时间性，译文的时态都用了一般现在时。

关于如何改进市民的居住条件问题市政府给予了充分重视。

Full attention has been paid by the municipal government to the improvement of the housing conditions of the urban inhabitants.

译文采用 pay attention to 作为谓语，并采用了被动语态。因为英语是主语显著的语言，主语代表句子中最重要的信息，因此译文采用被动句可使语气更加强烈，也更贴近原文。

2. 基于表意的需要

基于表意的需要也是谓语确定的重要手段。例如：

中国的经济将融入世界经济的大潮。

The economy of China will converge with that of the world economy.

译文中的 converge with 是"与……融合在一起"的意思，因此谓语的选择是恰当的。

她们逐渐镇定下来，恢复了自信。

Gradually, they calmed down and regained self-confidence.

此句如果以 restore 作谓语，则与宾语 self-confidence 搭配不当，而选用 regain 作谓语，意思是 get or win back，与宾语搭配恰当。

在过去的一年里，国民经济呈现增长较快、效益较好、价格平稳、活力增强的态势，各项社会事业不断发展，人民生活继续改善。

The past year saw relatively faster economic growth, better results, stable prices and stronger dynamics. Social undertakings of all sorts made steady progress and people's livelihood improved step by step.

译文紧随汉语原文，以原文的各个主语为主语，再根据语法要求，选择了各自的谓语。这样的表达既表意忠实，合乎英语语法，又显得自然地道。

三、分译法

所谓分译法，就是将原句中的某个词或短语译为目的语的单句或分句，或将原句中的一个长而复杂的句子译成目的语的两个或两个以上的句子，这样可确保译文忠于原文而又清晰易懂。在汉译英中，有时由于英汉语言习惯及其篇章结构不同，需要采用分译法。而在另一些情况下，在汉语中有一些含义丰富的词和词组，当翻译成英语时无法用一个词或词组来表达其中丰富的含义，只有用句子才能表达出来。此时就需要把该词或词组从句子中分离出来，单独译成一个独立成分、从句或并列分句。此外，有些汉语的句子很长，尤其是一些复句和多重复句的信息繁多。为了避免译成英文后句子更长、信息更拥挤的现象发生，也有必要采用分译法进行处理。分译法主要分为词组的分译、定语的分译和句子的分译。

（一）单句的分译

单句的分译可以分为单句中词组的分译和定语的分译。

1. 词组的分译

"词组的分译"是指将汉语原文中的某个词或词组单列出来，分译成为一个独立的小句。这样既符合英美人的表达习惯，又使得译文行文流畅简练。例如：

冬天，快过阴历年的时候，一个风雪漫天的星期日，他从外面抱回了许多好吃的东西。

It was winter. One snowy Sunday not long before the lunar New Year, he came home loaded with parcels.

译文将词"冬天"单独列为一个小句，既简练地点名了事件发生的时间，又很好地起到了启下的作用。

2. 定语的分译

定语的分译是指将原文中的定语拆译成一个小句或句子。之所以将定语分译，主要是出于两个方面的考虑：一是为了修饰和修辞上的需要，例如突出重点、加强语气等；二是为了句法上和语法上的需要。由于汉语中一些词或词组在词义或搭配上的特点，其作定语没有问题，但如果直译会很难符合英语的表达习惯，而如果将其单独分译成一句话，则既能使句子通顺，又不损伤原意。例如：

去年八月那场使七个国家遭受了极大损失的来势凶猛的龙卷风已经引起全球科学家的高度重视。

The violent tornado that struck in August last year has aroused great attention among the scientists throughout the world. Seven countries suffered a great loss from the tornado.

此句中，将"使七个国家遭受了极大损失的"定语单独译成了单句"Seven countries suffered a great loss from the tornado"。这样既很好地表达了原文中的含义，又不至于使英语译文显得过于冗长。

还有些汉语的单句中包含着几个或多个意思，可以将其译成两个或多个英译单句。例如：

野地上花儿极多，红的、黄的、白的、蓝的。

The wild country is overgrown with flowers. Some are red and some yellow. Others are white and still others blue.

为了强调，原文中将定语后置。而在译成英语时，将这些定语翻译成了三个英语单句。第一个是总说的单句，其他两个为分说的单句，分别突出了花儿的各种颜色，强调了花儿的多姿多彩。表面上看，译文显得稍冗长，但实际上却非常忠实于原文。

她站起来腾出一把椅子请我坐下。

She rose from a chair and offered it to me. Then she asked me to sit down.

很明显，这是一个连动和兼语套用的单句。译文将之翻译成两个英语单句，既忠实通顺，又恰到好处。

（二）复句的分译

1. 一般复句的分译

一般汉语复句内部有两套或两套以上的句子成分，各套句子成分之间虽然紧密联系却互不包含，且分别具有相对的独立性。而汉语多重复句包含三个或三个以上的分句，同时在结构上有两个或两个以上的层次。在这种情况下，汉语的复句通常可以采用分译法进行处理，翻译成两个或两个以上的英语句子。例如：

总之，中国加入世贸组织，不仅有利于进一步改善国际贸易环境，加强农业国际合作，而且有利于中国在农业中发展市场经济，增强中国农业在国际市场的竞争力，这是发展中国农业的一个非常难得的机会和积极因素。

In short, China's WTO accession will not only help improve the country's international trade environment and strengthen its international cooperation in the farming sector, but also promote the development of market economy in China's farming sector and enhance the competitive capacity of china's agricultural products on the international market. This is indeed a rare opportunity for, as well as a positive factor in the development of China's agriculture.

这是一个长而复杂的联合复句，其中有并列分句、顺承分句和递进分句。将该复句译为两个英语单句，译得准确到位。译文中的第一句虽然很长，但是意义清楚。译文的第二句结构简单，一目了然。

在那著名的古庙里，站立着一尊高大的塑像，人在他的旁边，伸直了手还摸不到他的膝盖，很多年以来，他都使看见的人不由自主地肃然起敬，感到自己的渺小、卑微，因而渴望着能得到他的拯救。

There stood in a well-known ancient temple a huge statue. It was so tall that people standing by were unable to touch even his knees however hard they tried to reach for it. For many years, visitors couldn't help feeling so overawed and dwarfed at the sight of it that they looked to it eagerly for salvation.

译文将原文汉语复句译成了两个紧密联系但又相互独立的分句。译文第一句点明了塑像的特征，第二句说明了人们对它的敬畏之心。两句相连，在语义和语法上都衔接得自然而流畅。

他从警备司令部转到法院看守所坐了三个月牢，虽然红润的面孔瘦了些，也白了些，但是丝毫看不出有受到挫折后的萎靡和困顿。

He had been transferred from the garrison headquarters to the lock-up of the district court, where he had been detained for three months. Though his face was no longer as plump and ruddy as before, the persecution he had suffered did not leave him downcast or exhausted.

此句是一个汉语多重复句，含有表条件和表因果的逻辑意义关系。将该复句译成两个英语复合句，显得流畅、地道、准确。

2. 含总说和分说复句的分译

在汉语中，有些复句包含一个总说的分句和几个分说的分句。对于这样的汉语复句，在翻译时也通常采用分译法，将其翻译成两个或两个以上的英语句子。例如：

第20届中国地毯交易会的规模为历届之最，来自全国各地的专业外包公司和有地毯出口经营权的各类外贸公司及地毯厂共110家踊跃参展，世界上有30多个国家、地区的200多家公司、商社欣然应邀。

The 20th China Carpet Fair will be the largest of its kind in scale. Foreign trade corporations specialized in carpet business, other various foreign trade companies authorized to export carpets as well as 110 carpet factories from all over the country are to take an active part in the exhibition. Moreover, over 200 companies and firms from more than 30 countries and regions around the world have gladly accepted the invitation to the Carpet Fair.

原文是一个先总说后分说的汉语联合复句。译文将原文的复合句翻译成了三个英语单句，第一句为总说句，第二个和第三个为分说句，完全再现了原文的意思。

最近几年，学校对教学制度进行了改革，最明显的一点是学分制，也就是学生提前修满规定的学分，就可提前毕业。

In recent years our school has been conducting some reforms in the educational system. One of the most dramatic changes is the adoption of the credit system, which means that students can graduate ahead of time if they obtain the required credit ahead of schedule.

此句汉语原文也是一个先总说后分说的联合复句，译文将原文的总说分句翻译为一个英语单句，而将其后的两个说明性分句翻译成一个英语主从复合句。

总体来看，汉语复句在英译时往往采用分译法处理。需要指出的是，汉语中的句号在使用上有较强的随意性和收缩性。很多作者在写作时往往在使用了一连串的逗号之后才画上句号。对于这种句子，在译成英语时往往采用"断句"的办法，即将一个汉语句子分译成两个或两个以上的英语句子。这就需要将原文理解透彻后，再仔细分析汉语长句各分句之间的逻辑关系以及各分句之间的意义关系，最后根据英语的表达习惯进行翻译。此外，由于英语很重形式，一般将重点内容开门见山地揭示出来，因此在翻译时必须将原句的主要成分翻译成英语复合句的主句，而将原句中的次要成分译为英语复合句的从句，同时还要根据原文的句式和内容选用恰当的英语句型，力求再现原句的形式和内容。

四、合译法

与分译法不同，"合译法"是将不同的句子成分组合在一起，使其更加符合汉语的表达方式。汉语作为意合语言，显性连接手段少，无词形变化，故汉语中短句往往较多。而英语是形合语言，连接手段丰富，加上定语从句的使用、词形变化引起词性转换等因素，故英语句子要比汉语句子长，一个英语句子也要比汉语句子具有更大的容量。因此，在汉译英中，有时会把汉语的短句翻译成英语的长句，或是把两个或两个以上的汉语句子翻译成一个英语句子。

虽然分译和合译各有其特点，但实际上，在翻译实践中使用分译比使用合译的情况更多，原因是有时候不使用分译就不能正确表达原文的意义，而合译则不同，即使不使用合译，对所指意义或概念意义的影响也不大，区别主要在文体意义上。下面仅举几个例子说明合译法在汉译英中的应用。

当海风卷起雪浪来袭击海岸时，在美丽的浪花里，会拾到许多小巧玲珑的贝壳和五色斑斓的小石子；还有那些碧绿的海草，长得像秀发，又美又可爱。

When the sea wind dashes the snow-white billows against the beach, I can pick up from among the brilliant spray many petty shells and colourful pebbles, as well as some lovely green seaweed as human hair.

过了两年，他又换过学校，却遇见了一个值得感激的同事。那同事是个诚朴的人，担任教师有六七年了。

Two years later he changed to yet another school, and there he met a colleague whom he could not help admiring and feeling drawn to, as he was a sincere, plain-spoken fellow who had been a teacher for six or seven years.

还是热，心里可镇定多了。凉风，即使是一点点，也给了人们许多希望。

It was still hot but everyone felt much better, for the breeze, though slight, brought them hope.

"因此，我认为：真正能拯救你们的还是你们自己。而我的存在，只能说明你们的不幸。"说完了最后的话，那尊塑像忽然像一座大山一样崩塌了。

"I hold, therefore, that you yourselves only are your saviors and my presence can only mean your misfortune." With that, the statue crumbled all of a sudden like a huge mountain.

五、语态转译法

所谓语态转译，就是指在汉译英的过程中，将被动语态的句子转译为主动语态的句子或将主动语态的句子转译为被动语态的句子。一般来说，在英语中使用被动语态的频率要比在汉语中高。原因是：首先，汉语是意合语言，注重意义上的粘连，而不太注重形式上的整合；其次，汉语中存在大量的无主句；再次，汉语中有很多动词既可以表示主动的意义，也可以表示被动的意义。因此在汉译英时，根据语境的需要，常常要将汉语的主动语态译成英语的被动语态。例如：

本次大会的举行和即将通过的《里约宣言》和《二十一世纪议程》两个重要文件，以及将要签署的"气候变化"和"生物多样性"两个公约，将为健全和加强这一领域的国际合作奠定良好的基础。

In the current conference, two important instruments are to be adopted—the Rio Declaration and the 21st Century Agenda, and two conventions are to be signed—the Convention on Climate Change and the Convention on Biological Diversity. They will lay a good foundation for all enhanced international cooperation in this area.

采取中央与地方共建办法，加强农村卫生医疗机构建设。开展新型农村合作医疗制度和医疗救助制度试点。

The central government worked with local governments to build more rural health and medical institutions. Pilot protects for new cooperative medical care system and medical assistance system were initiated in rural areas.

因此，必须采取有效措施控制城市规模，让城市健康平稳地发展。

Therefore, effective measures should be taken to control the size of cities so that they can grow healthily and steadily.

加强公共卫生设施建设，重点抓了省、市（地）、县三级疾病预防控制网络建设。

Public health infrastructure was improved, with the focus on networks spanning provincial, city（prefecture）and county levels for disease prevention and control.

第三节　英语翻译与跨文化意识

一、英语翻译中的跨文化交际因素

作为翻译工作者，在其具体的翻译实践中，首先就应对翻译所涉及的两种语言有足够的理解和把握，而要想更好地掌握和认识语言，深入了解两种语言所涉及的社会文化也非常关键。翻译工作者不仅应对两种语言所涉及的文化有足够的认知，还应加强对这两种不同文化的对比。强化对两种不同文化的对比对翻译有着重要的影响和意义。

（一）跨文化交际与文化翻译的关系

语言交际在不同文化中都是以自身默契来进行解码或编码的，但东西方跨文化交际是从不同的视角去审视不同的世界观、人生观与价值观，从而建立东西方的跨文化共识，最终促进东西方文化之间的沟通。下面就从跨文化交际学视角审视文化翻译。

1. 从跨文化交际审视文化翻译的障碍

如前所述，翻译并不是单纯的语言知识转换，其必然涉及文化因素，这在文化翻译中体现得尤为明显。英汉两种语言在表达时往往折射出不同的文化差异，因此在进行文化翻译时，译者需要从具体语境出发，对翻译材料的文化因素进行分析与调整，从而不仅能够将源语文本的文化色彩展示出来，还能够让译入语读者理解和接受。一般来说，在跨文化交际学视角下，文化翻译中的障碍主要有如下几点。

（1）词汇层面的障碍

随着文化的不断演进，语言也在不断形成与发展，不同国家、民族、地区的人们，由于其具有不同的语言心理、生活习俗、文化观念、思维方式等，他们对同一物质世界、物质现象的概念与划分也会有所不同。这种差异性在词汇层面体现得比较明显，具体表现为两点：一是语义场的空缺；二是对应词汇内涵的差异。

①语义场的空缺。虽然英汉两种语言都反映了客观世界，但是在对其进行描述时，不同的民族其表达方法也不同。这就导致出现了语义场词汇空缺的情况。简单来说，词汇语义场空缺是指在英语中具有的词汇在汉语中找不到对应的表达，反之亦然。

例如，地理环境的差异对词语构成产生了重要影响。由于英国是一个岛国，因此英国人对于"船"是非常熟悉的，英语中关于"船"的表达有很多，如 ship、boat、catboat、ketch 等，但是这些词语在汉语中并未找到合适的对应，因为中国是一个内陆国家，中英在地理环境上存在差异，所以导致了词汇构成的差异。

②词汇内涵的差异。由于中西方在价值观念、文化等层面的差异，英汉两个民族在表

达同一概念时会产生不同的联想义，这就是词汇内涵的差异。例如，英汉语中都有"家庭""个人主义"这些概念性词语，但是它们在语义层面上存在较大差异。以 individualism 为例来说明，其在汉语中往往被翻译成"个人主义"，但是在中国人的眼中，"个人主义"是一个贬义词，即一切从个人利益出发，将个人利益置于集体利益之上。而在英语文化中，individualism 并不是一个贬义词，而被西方人认为是一种崇高的品质，表达的是个体实现自我价值的理念。

（2）语法层面的障碍

受自身文化的制约和影响，英汉两个民族的思维方式有所不同，因此他们对同一思想所审视的角度、所表达的方法都不一样。例如，否定在英汉两种语言中都比较常见，但是在表达上存在较大差异。英语中的否定结构比较复杂，有些从句子形式上看是否定句，但是从内容上分析则为肯定句，反之亦然。因此，在对其进行翻译时，切忌望文生义，必须对句子的形式和内容多加揣摩，才能把握句子的正确意义，然后再从汉语读者的表达习惯出发来翻译。

（3）语用层面的障碍

语用意义往往文化性较强，文化不同其具有的社会交往习俗也存在明显差异，这些习俗的差异对文化翻译造成的影响是显而易见的。例如，英汉两种语言在问候用语、电话用语、称呼用语上就存在较大不同。可见，译者需要了解语用层面的文化差异，这样才能保证文化翻译的顺利展开。

（4）文化语境层面的障碍

语言是人类展开交际的工具和手段，但是只有将语言置于合适的语境中，才能实现语言的交际功能。语境往往承载着一定的文化意义，如果脱离了具体的语境，那么人们就很难理解对方所说的话，也很难展开准确的翻译。因此，文化语境对于文化翻译起着制约作用。

通常来说，在本民族特定的语言文化中，人们根据特定的文化语境分析话语意义是非常容易的，但如果是在陌生的语言文化中，人们并不了解其具体的文化语境，因此很难理解话语意义。例如：

Unemployment, like the sword of Democles, was always accompanying the workers.

失业犹如达摩克利斯的剑一样，随时威胁着工人。

上例中，"the sword of Democles"是一则古希腊典故，本义为"临近的危险"，对于西方人来说，他们一看到"the sword of Democles"，就能够与"形势危急"联系起来，但是这样的文化意象并不存在于汉语文化中，因此汉语读者并不理解其文化内涵。可见，译者应该注意文化语境层面造成的障碍。

2. 从跨文化交际分析文化翻译研究与实践

随着跨文化交际学的兴起，很多学者指出，翻译是一种跨语言、跨文化的交际活动，译者仅仅掌握两种语言的语音、语法、词汇等基础知识以及听、说、读、写、译能力，显然已经不能保证译者灵活、深入地表达思想，译者还需要对源语与译入语的文化有所熟悉，具备一定的跨文化交际能力，使译文实现与源语相似的文化功能。

如前所述，各民族文化在对社会现象的洞察上存在着文化差异，而这种文化差异正好影响了跨文化交际的顺利进行。在跨文化交际学研究中，参与交际的各方不仅要熟悉本民族的语言与文化，还需要熟悉对方民族的语言与文化，只有这样才能听懂对方的意思。而要熟悉对方的语言与文化，就是要将自己的意思传达给对方，又不至于造成对方的误解或者伤害对方。

在跨文化交际学研究中，文化差异是影响跨文化交际的一项重大障碍，为了达到跨文化交际的目的，很多时候译者需要淡化自己的文化。简单来说，译者要尽量避免使用民族色彩强烈的词汇，如果对方或读者没有弄清自己的意义，译者有必要进行改写或者增加注释。麦克拉姆曾经指出："他经常遇到一些印度人，这些人说的话很难让我理解。甘地夫人也说过，在一次国际会议上，她没有听懂那个宣讲论文的印度人的英语。"麦克拉姆还举出了一个著名的例子："Yes madam, quite big family! ——Eight children, six sons, two daughters. Big family! Ha! Ha! No good. Madam. "这是一个新加坡华人写出来的句子，很显然几个句子是以汉语语法组织起来的，并且完全不顾及英语句子必须存在谓语的要求。这样的句子在跨文化交际中很难让人理解，从而影响交际的顺利展开。

可见，译者是处于两种语言与文化之间的，因此应充当好桥梁的作用。

跨文化交际学研究为文化翻译确定了翻译标准，文化翻译的标准要求具有动态性和可操作性，其目的是实现跨文化交际。跨文化交际学为从跨文化视角审视特定文本所处的语境、展现的语言特点提供了特定的方法。

跨文化交际学的理论和研究方法赋予文化翻译的作用主要体现在如下几点。

①利于客观认知文本、语篇生成与传播的微观和宏观语境。

②利于确切了解信息接收者的整体特点与个性特点。

③利于确定翻译文本、语篇中"符码"所蕴含的文化信息。

④利于确定翻译标准是否适度，翻译技巧是否合理，翻译质量是否优质，翻译效果是否具有实效性。

（二）跨文化翻译的阐释学视角

虽然当前从阐释学角度审视翻译已经取得了一定的成果，并且促使众多学者对翻译活动展开了整体反思，但是现如今跨文化翻译仍旧存在一些问题，因此作者对跨文化翻译中的一些因素进行分析，并澄清阐释学与跨文化翻译之间的关系，重新从阐释学角度审视跨文化翻译。但是在这之前，我们需要正视三大问题。第一，译者需要作为阐释者的身份来面对源语文本，但是由于译者属于不同的语言与文化，这就要求他们必须跨越语言与文化的障碍来求取与源语作者的"视域融合"。这种融合是否可能？也就是说我们应该如何看待翻译过程中的理解以及理解的历史性。第二，在跨文化翻译过程中，译者已经不再遵循"科学+逻辑"这一结构主义范式，不再将翻译视为绝对意义与绝对形式的理想对等，也不再将翻译看成译者的灵光一现。因此，我们能否从哲学阐释学的理解以及理解的历史性中挖掘出跨文化翻译的新思路。第三，在跨文化翻译活动中，直译还是意译、异化还是归化的争论问题从未停止。如果按照哲学阐释学的观点，理解与理解对象都是历史存在的，文本也具有开放性，那么其意义必然是无穷无尽的，因为文本的意义和理解者都会不断发生改变。如果承认这一论断的合理性，那么是否意味着翻译的标准也会不断发生变化。

1. 对源语文本与译者关系的再认识

传统的翻译学理论很少对源语文本与译者的关系问题展开探讨，即使有提及，也仅限于译者对源语文本语言、文字的解读上。因此，我们有必要从阐释学的角度重新审视源语文本与译者的关系，便于之后更好地对翻译的第一阶段解读阶段有一个深层次的认识。

伽达默尔（Gadamer）在《真理与方法》一书中，为了证明阐释者与源语文本的关系，他曾经有这样一段说法："所有的翻译者都是阐释者，外语的翻译情况表达了一种更为严重的阐释学困难，既需要面对陌生性，还需要克服这种陌生性。所谓陌生性，其实就是阐释学必须处理的'对象'。译者的再创造任务同一切文本提出的一般阐释学任务在本质上并没有什么区别，只是在程度上存在差异。"从这一点可以看出，在跨文化翻译的理解过程中，译者首先要将自己置于阐释者的状态，面对源语文本的语言与文化的陌生性，使自己参与到这个陌生的意义域之中。

面对这种跨语言、跨文化的陌生性，译者如何进入源语文本文化的意义域中呢？如果译者的大脑一片空白，要想理解是不可能的，他们必须了解自身文化与译语文化的异同点，带着自身的理解背景因素跨越到源语文本的异域文化因素中，求同存异地实现与源语文本作者的"视域融合"。但是，这种"融合"是相对意义上的"融合"，要想完全消除误译或者误读是不可能的，而这里所说的"融合"只是在译者自身的理解能力范围内，达到与源语文本意义域的一种动态历史对应。

2. 对跨文化翻译解读过程的再思考

翻译本身必然是跨文化的，因此译者不可避免地要面对两种文化的碰撞。在跨文化翻译过程中，译者首先需要对源语文本文化的差异性进行解读，这也是从阐释学角度审视跨文化翻译的关键。如前所述，在跨文化翻译中，语言与文化的透明互译并不存在，译者视域需要在与源语作者的视域进行不断碰撞的基础上实现融合，因此译者在进行跨文化翻译解读过程中需要注意以下几个问题。

第一，真正的跨文化理解是不能驻留在语言本身的。从阐释学意义上说，理解一门语言本身并不是对语言真正的理解，其中也不涉及任何解释过程。我们之所以说理解一门语言，是因为我们生活在这一语言之中。哲学阐释学问题并不是对语言正确掌握的问题，而是对于在语言媒介中所发生的事情能够正当了解的问题。这样来说，掌握语言是一个前提条件，而文化是这前提中的蕴含意义。我们可以将跨文化翻译视为一种谈话，一方面是译者与源语文本的探索，另一方面是译者同自己的谈话。只有在这种交谈模式中，译者才能将自己的文化积累与源语文本的文化意义相关联。

第二，当代诠释学所说的理解与传统诠释学并不相同，即当代的诠释学并没有要求抛弃诠释者自己的视域，将自己置身于源语作者的视域中。从跨文化翻译的角度来说，译者对源语文本的解读是在生存论意义上的跨文化展开。译者理解的基础并不是将自己置于源语作者的思想中，或者是让自己参与到源语作者的创作活动中，而是要将所要理解的意义置于源语文本反映出来的语境中。当然，这并不是说翻译者可以任意对源语文本所指的意义进行扭曲，而是应该保持这种意义，并让这种意义在新的语言世界中以一种新的方式发生作用。

第三，在跨文化翻译中，译者应该从阐释学的角度将跨文化翻译的每次解读视为一种意义的生成过程。从历史意义上说，这一过程无穷无尽。

虽然源语文本文字记录的意义从根本上可以被辨认，也可以用译入语进行复述，但是这里的复述并不是严格意义上的复述，其并不被归结到最早讲出或写下的某种东西的原始意蕴中。跨文化阅读的理解并不是对某些以往的东西进行简单的重复，而是对一种当前意义的参与，其融入的是跨文化译者的视域。

3. 对跨文化翻译步骤与标准的反思

在阐释学看来，跨文化翻译活动主要分为四步：信赖—入侵—吸收—补偿。

（1）信赖

译者要存在一个视野，其可以涵盖与源语文本相关的所有信息，如原作作者的信息、原作写作时期的信息等，这肯定和体现了以往的认知行为。当译者遇到某一文本时，无论译者是否主动，文本都进入了译者预设好的视野之中。如果译者能够听懂或者相信文本所说，那么说明译者对文本产生了信赖，也说明译者对文本产生了兴趣，希望从中获取自己想要的东西。

之后，译者就开始着手于翻译活动。可见，信赖从某种意义上说是对原作的信任，但是这种信任是最初的，当译者渐渐认识文本之后，就可能会面对来自源语文本的抵抗，这就给翻译造成了极大的困难。这种来自源语文本的抵抗就导致跨文化翻译的阐释过程的第二步——入侵。

（2）入侵

因为不同文化背景下的差异会给译者设置多重关卡，译者只有冲破跨语言、跨文化的关卡，才能翻译出自己想要的东西。

（3）吸收

入侵的目的是获得，从源语文本中抢到的东西，经过消化，贴上译者的标签，进而才能被译者得心应手地使用。这就是吸收的过程。

（4）补偿

当经历了信赖、入侵、吸收之后，译者不可能对源语作品进行原原本本的复制，可能是因为对源语作品抢夺得太少，或者是因为在吸收和组装过程中发生了变形，因此为了维持平衡，就必然需要补偿。这样译者除了对源语的潜力进行再现外，还得到了源语作品未表现出来的价值。

分析了阐释学视角下跨文化翻译的步骤，下面就来反思一下阐释学视角下跨文化翻译的标准。今天，翻译标准的设定或者取舍都是建立在源语文本与译语文本之间的意义和形式上展开的，就是前面说的直译与意译、异化与归化的争论。但是，人们很少从阐释学的角度对传统翻译学标准进行反思和转化。

根据阐释学的观点，译者对源语文本的理解具有历史性，解读源语文本中也存在合法偏见，跨文化理解与翻译被认为是开放性的动态过程，这样翻译标准的设定就首先需要依赖于对源语文本的理解与解释标准的设定。但是，翻译并不能仅仅停留在理解层面，最终产生译作才是目的。就目前来说，理想范本是并不存在的，因为针对原作产生的译本会不断得以提升，因此跨文化翻译的标准也会不断发生改变，很难确定最终的标准，只能说是一种动态的、不断演进的相对标准。

（三）跨文化具体差异对翻译的影响

1. 物质文化差异对翻译的影响

英汉民族的人们生活在不同的物质世界中，他们所创造出来的所有物质产品都是文化的物质载体。我们经常提及的衣、食、住、行就属于物质层面文化的重要构成部分。

下面例子是一些典型的汉语中物质文化的英译和一些独具特色的英语物质文化的汉译。

唐装 Tang suit

旗袍 cheongsam

杂碎 chop suey

hot dog 热狗

salad 沙拉

2. 生态文化差异对翻译的影响

受到地理位置差异这一客观性因素的影响，英汉民族的生态文化也存在着明显的不同。我国是典型的大陆性国家，具有幅员辽阔、地大物博这一特点，并且出现了诸多具有特殊地域色彩的表达。例如，"福如东海，寿比南山""黔驴技穷"等。英国是一个岛国，以其发达的航海业著称，其语言表达中也出现了很多与船、海洋、水等相关的表述，如 all at sea（不知所措）、spend money like water（挥金如土）等。加强对这些生态文化因素的对比，有利于作者在源语和译入语之间进行更好的思维转换。

3. 政治文化差异对翻译的影响

在英汉翻译过程中，还会涉及一些政治术语、经济术语的翻译。但是，由于各国政治、经济体制的不同，这些文化差异具有客观存在性。因而，在翻译的过程中，应坚持正确的政治立场，在潜意识中树立政治文化对比意识，以保证对这些内容的精确翻译。例如，在美国英语中，jump on the bandwagon 具体是指各政治团体在竞选运动中各自准备了宣传车，以吸引选民们去听候选人演讲。在对这一政治术语进行翻译时，采取了以下两种译法。

译法一：跳上宣传车；

译法二：支持候选人。

译法一的这种直接译法其实是为了用来表示对候选人的支持，但是同第二种译法相比，表达得并不是很到位。因而，第二种译法更可取。

4. 观念文化差异对翻译的影响

受群体环境的影响，中国人民形成了一种集体主义价值观念。首先，集体主义价值观念要求人们注意长幼尊卑，即无论是对于国家而言，还是对家庭而言，都要尊重长者。其次，集体主义价值观念要求人们以集体为重，即当个人利益与集体利益发生矛盾时，应该以集体利益为重。最后，集体主义价值观念要求人们处理好人际关系，即彼此之间应该相互体谅、关心、包容。对待亲人和朋友时，都应该以真诚的态度，只有对他们真诚，才能收获同样的真心。

而西方倡导的是个人主义观念。在意识和权利上，西方人追求的是平等、自由、民主。在个人主义观念的引导下，他们认为个人权利是不能侵犯的，因此在进行交际的时候也更加注重个体的权利，尤其不容别人侵犯个人的隐私问题，如个人的收入、年龄等。

5. 思维方式差异对翻译的影响

在各自的环境中，中西方形成了各自独特的文化，而文化所形成的思维意识也出现了千差万别的情况。

中国人往往会运用形象思维方式来描述和表达某个事物和现象。而相比之下，西方人则习惯使用抽象的思维来表达和描述。这体现在用词上就是，汉语中多为具体的词语，而英语中多为笼统、概括的词语。例如：

Is this emigration of intelligence to become an issue as absorbing as the immigration of strong muscle?

知识分子移居国外是不是会和体力劳动者迁居国外同样构成问题呢？

在该例中，原文中的"intelligence"一词本义为"智力，理解力"，"muscle"本义为"肌肉，体力"。但是如果直译成这两个意思，那显然不合逻辑，因此就需要将这些抽象名词做具体化的处理，使其符合汉语的表达习惯，这样汉语读者就容易理解了。

6. 社会礼仪差异对翻译的影响

中国人见面时往往会问及对方的年龄、姓名、收入等，但是西方人对这些是比较反感的。中国人遇到熟悉的路人常会寒暄"吃饭了吗？""去哪里了？""要去上班吗？"之类的话，这些在中国人看来也就是一个打招呼的形式而已。但是，在西方人眼中会被认为是在过问私事，如果说成"Have you had your meal?"则可能被误解成你要请他吃饭。西方人见面常说的是"Hello!""How do you do!"等。

面对别人的赞扬，中国人往往会说"哪里""惭愧"等谦虚类的词语，但是西方人则明确地接受别人的表扬，直接说"Thank you!"中国人使用"谢谢!"一词的机会也明显要比西方人少很多，尤其是非常亲近的家人和朋友间是不需要说这个词的。即使说了，也会被家人或者朋友认为是见外的。

7. 意识形态差异对翻译的影响

意识形态并不是一个具体的物质，但是我们不能认为它并不存在，其依然存在，并可以在其达到某种特定的目标时用固定的语言形式来表达。意识形态是抽象的，甚至可以包含所有与翻译相关的政治语篇。也就是说，意识形态既可以是社会文化的，也可以是政治的，这些意识形态都包含自己的视域，并且在自己的视域下，它们都有其自身特定的理想，或者是鼓励支持，或者是抵制威胁。

如果一些事物没有遵循特定的社会文化，那么社会文化必然不允许其存在；如果一些事物与特定的政治制度不符，那么该政治制度也不会允许其存在。在某些国家，如果目标读者群体认为某些内容是不道德的，那么这些内容必然会被禁止传播或者翻译。

二、跨文化交际视角下的英语翻译策略

文化差异的翻译策略多种多样，但是无论采取哪种翻译策略，都是为了更好地传译源语文化。为了对文化差异下的翻译策略有更具体、更清晰的认识，下面将从以下几种归类对其翻译策略进行探讨。

（一）实践型翻译策略

随着全球化、信息化时代的逐步推进，翻译实务也呈现出面广量大的特点，翻译技术得到了飞速的发展，翻译的新实践也呈现出日新月异的状态，花样翻新的实践型翻译策略从翻译实践中凸显出来。这种类型的翻译策略并不单单隶属于哪个特定学派或某一系统理

论，但是对提升翻译效果非常有帮助。下面就结合实践型翻译策略在翻译中的运用进行具体分析。

1. 零翻译策略

零翻译策略是一种客观存在的比较新颖的翻译策略。相比于传统意义上的直译、意译、音译等翻译策略，这种翻译方法具有省时、简便、节省空间等优点。在翻译中，恰当地使用零翻译策略，对促进本民族语言和文化的发展有着非常重要的作用和意义。例如，iPad 等词语的运用就是非常典型的实例。这样一来，不仅能确保原科技术语的准确运用，而且有利于目的语读者对这一文化事物的接受和传播。类似的例子还有很多。再如，买DVD（买一台数字激光视盘）、查一下 DNA（查一下脱氧核糖核酸）、做 B 超（做 B 型超声诊断）等。

2. 深度翻译策略

深度翻译策略又称为"厚重策略"，这一策略具体根据阿皮尔所提到的借助各种注释、评注将文本置于丰富的语言文化环境中的翻译。这一策略也适用于翻译任何其他含有较多解释材料的作品。所添加的注释、评注主要是用来让读者更好地理解异域文化中人们思考问题和表达问题的方式。

（二）文化学派的翻译策略

文化学派的研究者主要是对文化的渊源进行研究，此学派的翻译观点认为，翻译应同政治、经济、文化、社会意识形态等多种文化因素相联系。下面就结合几种比较典型的文化学派的翻译策略进行探讨和分析。

1. 文化移植策略

具体而言，文化移植策略指的是将一个民族特有的文化现象以其本来面目移植到另一个民族的文化空缺里。这种翻译策略对增强两个不同民族文化间的相容性非常有帮助。例如，在翻译"亚洲四小龙"时，为了有意规避 dragon 一词在西方文化中的"怪物""残暴"之意，通常将其译为 Four Tigers of Asia，避讳使用 dragon 一词。

2. 文化改写策略

改写翻译策略通常是将目标语言中现成的妙语加以改造并用来翻译原文的方法。例如：

Anger is only one letter short of danger.

［原译］生气离危险只有一步之遥。

［改译］忍字头上一把刀。

本例中，原译和改译均没有错误，但是相比之下，改译的版本更佳，不仅保留文字游戏的风格，而且保留了原文的含义。

3. 文化置换策略

在翻译过程中，如果在目的语中找不到对应的词语，可采用文化置换策略进行翻译。也就是说，尽量使用语义相似或者对等的词语对其进行替换。例如：

lead a dog's life 过着牛马不如的生活

to teach fish to swim 班门弄斧

to have one foot in the grave 风烛残年

牛饮 drink like a fish

拍马屁 kiss somebody's ass

胆小如鼠 as timid as a rabbit

挥金如土 spend money like water

4. 文化对应策略

文化对应策略主要是运用西方文化中人们熟知的事件或者人物对汉语文化中的内容进行解释。例如，用西方文化中的"罗密欧与朱丽叶"阐释汉语文化中的"梁山伯与祝英台"；用西方文化中的"威尼斯"阐释中国的江南水乡"苏州"；将"济公"比作"罗宾汉"等。其中浙江兰溪的济公纪念馆中有这样一句话：

济公劫富济贫，深受穷苦人民爱戴。

在对本句中的"济公"进行翻译时，将其译为"JiGong, Robin Hood in China robbed the rich and helped the poor"，这一翻译就很好地采用了文化对应策略。这样一来，更加有利于译入语国家人们的理解。

5. 归化翻译策略

归化翻译策略是一种要求译者向译语读者靠拢的翻译策略。运用这种策略进行翻译有利于最大限度地消除由于文化差异而带来的误读，有利于读者更好地理解源语文化。例如：

All right, now that we have covered the social amenities, let's talk turkey about what really happened.

好吧，大家既然寒暄已毕，那就让咱们来认真坦率地讨论实际发生的事情吧。

在对本例进行翻译时，"talk turkey"为"说火鸡"之意，但是如果这样直接翻译，会让目的语读者感到很茫然，译文在进行翻译时，将其译为"坦率地"更加贴切。归根结底，归化翻译策略是将原文本土化，采用目的语语言的表达方式进行翻译，将原文语言转化为本土化的语言，不仅有利于目的语读者更好地理解原文内容，而且有利于增强译文的可读性。

6. 异化翻译策略

异化翻译策略是在翻译的过程中，保留原文的异国情调，迁就原文的内容，并吸收原文的表达方式向原文读者靠拢。在文化差异翻译中，运用这一策略有利于更好地传达原文的意向和文化内涵。例如：

Some politicians are always calling for an eye for an eye and a tooth for a tooth when they hear of a terrible crime.

一些政客，当他们听到一个可怕的罪行时，便一直要求以眼还眼，以牙还牙。

本例在翻译时将其译为"以眼还眼，以牙还牙"就采取了异化翻译策略，很好地保留了原文的文化特色，同时也便于目的语读者对圣经中的典故有更好的理解。

（三）条件型翻译策略

比较常见的条件型翻译策略主要有改写翻译策略和解释型翻译策略。

1. 改写翻译策略

改写翻译策略是通过某种方式对源语文本进行重新解释，并在翻译过程中受到译者意识形态和目的语文化占主导的诗学的制约，因而会在某种程度上改变源语文本的思想内容甚至意识形态。为了对这一翻译策略有更好的理解和认识，下面就结合典型例子进行分析。

（贾雨村）虽才干优长，未免有些贪酷之弊；且有恃才侮上，那些官员皆侧目而视。

But although his intelligence and ability were outstanding, these qualities were unfortunately offset by a certain cupidity and harshness and a tendency to use his intelligence in order to outwit his superiors; all of which caused his fellow-officials to cast envious glances in his direction.

本例在翻译时，充分考虑了中西民族文化性格的差异，中国古代崇尚内敛的个性，西方民族则崇尚张扬的个性。在翻译时，将"恃才侮上"改写翻译成了"intelligence"和"outwit"，将"侧目而视"改写翻译成了"cast envious glances"，使中西方文化道德取向的差异鲜明地呈现出来了。

2. 解释型翻译策略

解释型翻译策略是从译入语的角度要求译文得体、语言流畅，为了便于译入语读者的理解，适当地对原文特有的文化现象和必要的背景信息进行解释，使其通俗易懂、可读性强。

三、英语翻译中的跨文化意识研究

跨文化指的是不同民族文化之间的交流与对话。随着经济全球化及社会活动的全面发展，世界各国之间的跨文化交流也越来越频繁，很多有着不同文化背景的人们之间相互交流的趋势也在不断加强，而在这个过程中，语言就成了他们进行交流和沟通所必需的工具。由于语言和文化的关系通常是密不可分的，而语言又是文化的重要组成部分和突出的表现形式，因此可以说语言就是文化的载体。反过来，各民族的不同文化又深深地植根于不同的语言之中。

人类的文化交流有着悠久的历史，它从语言的产生到现在，一直通过语言来进行，而不同的文化之间进行交流（跨文化交流）就必须通过翻译来实现。如果没有翻译，跨文化交流也就不可能实现。作为跨文化交流的桥梁，翻译在信息传递的过程中起着非常重要的作用。

跨文化意识作为跨文化交际研究的重要内容之一，是指外语学习者对于所学习的目的语文化具有较好的知识掌握能力和较强的适应能力与交际能力，能像目的语本族人一样来思考问题并作出反应，以及进行各种交往活动。或者说，跨文化意识指的是外语学习者在跨文化交际中所特有的思维方式、判断能力以及对交际过程中不同文化因素的敏感性。在交际过程中，参与者具备这种意识就会受到启发和指导，而不受文化差异的负面影响。在无具体交际事务时，它仍然能够对学习者的学习和思考起着引导作用。

虽然翻译人员非常重要，但是如果译者对语言所承载的文化不甚了解，也就不能准确无误地表达出原文所要表达的意思。因此，多数的译者会在跨文化交际中促使自己自觉或不自觉地形成一种认知的标准和调节方法，也就是形成一种跨文化意识。也就是说，跨文化意识是译者所特有的判断能力、思维方式以及在交际过程中对文化因素的敏感性。

通常认为跨文化意识分为以下四个层次。

①对那些被认作怪异的表面文化现象的认知。

②对那些与母语文化相反而被认为是不可思议又缺乏理念的显著的文化特征的认知。

③通过分析从而取得对文化特征的认知。

④从异文化持有者的角度感知异文化。这个层次是跨文化意识的最高境界，参与者必须具备"移情"和"文化融入"这两种能力。

移情就是说译者不但要克服语言上的障碍，还要克服文化上的障碍，要能够设身处地去体会别人的际遇。文化融入指的是译者要在充分认识文化差异的基础上，全面了解与原文有关的历史、社会、文化、地理及其他相关知识，进而可以让原文所承载的社会、文化信息等在翻译中得到恰当的体现，也就是要从对方的文化背景上观察和思考问题。从这一点来说，译者是否具有跨文化意识或者这种意识的强弱将直接影响到译文的质量。

考虑到不同文化背景的人所习惯的表达方式各有差异，译者除了要具备扎实的基本功之外，还要努力提高自己对文化差异的敏感性，结合自身的判断理解，正确、恰当、忠实地表达出原文所要传达的意图。这种能力和意识的培养对于译者是十分重要的。

跨文化意识的有无或程度的强弱直接影响着交际的质量。众所周知，英语目前已基本上成为一种跨国界的通用标准语言，然而，不同民族文化的交际者在使用英语进行交际时，在语用习惯上仍存在很大差别。因此，参与交际的英语学习者在具体的场合应做到"量体裁衣"。

第三章 跨文化交际视阈下的翻译实践

第一节 跨文化交际下的英汉词语翻译

一、英汉词汇的差异

英语词和汉语词的不同首先体现在词的构成上。英文词是由数个字母排列而成的，单个字母对这个单词本身的意义不产生影响。英语中词是由词素（morpheme）组成的，所谓"词素"，是指英语中"具有意义的最小单位"，不能单独运用在句子中。例如，单词"electromotor"，前缀词根"electro-"表示"电的"，"mot"表示"to move"，后缀"-or"表示名词，那么这个单词的意思就是"电动机"。但拆开来看，三个词根都不具备可独立运用的意义。与英语词相对，汉语词则没有内在结构和形态的变化，汉语词由单个的汉字组成，每个汉字对这个词的意义都可能产生影响。这些组成词的汉字称为语素，是可以单独运用在句子中的。例如，"踏青""单行道""护城河"等词语，词义是由组成词的语素意义拼接起来形成的，每个语素"踏""青""单""行""道""河"又有各自独立的意义，可以在句子中独立使用。

除了了解英汉两种语言构词上的区别以外，熟悉掌握词汇的语法分类也是非常重要的。英语词可以分为以下几种词类：名词（noun）、代词（pronoun）、数词（numeral）、形容词（adjective）、动词（verb）、副词（adverb）、冠词（article）、介词（preposition）、连词（conjunction）和感叹词（interjection）。通常，前面六类词语可以作为独立的句子成分，具备实在的词义，如名词可做主语、宾语、表语等，动词可作谓语，形容词常作定语，副词多作状语等，这些词称为实词（notional words）；而介词、连词和感叹词都不能作为独立的句子成分，只有语法意义，称为虚词（form words）。但某个英语词属于哪个词类并不能一概而论，因为在不同的搭配中词所充当的成分是不同的。英语词的另一个重要特征就是一词多义。一个词，其词汇形式不同，如"-ing"和"-ed"形式，词汇的具体意义是不同的。它在某一个句子中充当的成分不同，在该语言环境中的具体含义也是千差万别的。

例如，单词"double"可作形容词，在句子中作定语，表示"双倍的"。

double pay 双倍工资

double ticket 双人票

It will take double the time. 那要花双倍的时间。可作副词，在句子中作状语，表示"双倍地"。

He was bent double with laughter. 他笑得前仰后合。

可作及物动词或不及物动词，在句中作谓语。

double the number 数字翻番

double the price 价格加倍

double in size 大小翻倍

double for sh 做某演员的替身

The actor doubled as the king in Act Ⅲ. 这位演员在第三幕兼饰国王一角。

也可作名词，在句中作主语、宾语等。

The double of sb. 跟某人一模一样的人。

play doubles 双打

May I have a double（room）please? 我可以要一个双人间吗？

汉语词的分类和英语基本一致，但一词多义的现象相比英语少很多。因此，在开始动手翻译英语单词之前，心中一定要清楚每一个词的词性是什么、在句中充当什么成分，这样才能在具体语境中找到单词最贴切的释义，而不是在字典上随意找一个释义来拼凑翻译。

二、词的翻译策略

"语词"是指词或词组等独立的可以自由运用的最小的语言单位，也是语篇翻译中的基本单位。对词语的理解不深，或一知半解，或粗心大意，必然造成误译或错译，进而影响整个句子、段落和整篇文章的理解。

翻译过程中，无论是英译汉还是汉译英，先遇到的也正是语词的理解和翻译。由于英汉两种语言在词汇方面存在较大差异，原文词义的辨析和译语用词的表达就成了英汉、汉英翻译的基本问题，也是影响译文质量的一个关键环节。

词义的理解是否得当，除对英汉语言的本身修养外，还涉及有关专业知识和文化背景知识。对于初学翻译的人来说，切忌望词生义，不求甚解，尤其是遇到一些常用的多义词时，除了在日常阅读时多加注意外，在英译汉中更应勤查字典和有关工具书，选择和确定词义通常从以下几个方面着手。

（一）从词的语法分析来理解

对初学翻译的人来说，准确的理解往往离不开语法分析。语法分析主要从构词法、词性、涉指关系来分析词在句中充当的成分。

1. 从词的构词来分析

词的形貌结构体现了词的自身含义，因此分析词的构成有助于弄懂词义，获得词的基本含义，从而为译入语的选词提供必要的参考依据。

此外，名词的单复数不同，其词义可能全然不同。例如：

force 力量——forces 军队

green 绿色——greens 青菜，蔬菜

finding 发现，探索——findings 研究成果，调查结果

work 工作——works 工厂，著作

damage 损失，损害——damages 赔偿金

air 空气——airs 装腔作势，做作

2. 根据词性判断词义

英语中一个词可以分别属于几种不同的词性。词性不同，词义也有所不同。正确判断词性对理解词语的意义起着决定的作用。例如，"Workers can fish."此句中的"can""fish"分别被看成是助动词和动词时，此句应译为"工人们能够捕鱼"；当它们分别被看作谓语动词和名词时，此句就变成了"工人们把鱼制成罐头食品"。

3. 从涉指关系来分析

涉指关系指词在上下文中的照应关系，包括人称照应、指示照应和比较照应等。人称照应包括人称代词的各个格，代用词 one，指示代词 such 和不定代词 some、any、each、both 等以及一些限定词 much、many、few、little 等。指示照应包括名词性指示词 this、that、these、those，以及副词性指示词 here、there、now、then 等。比较照应指有关涉及词的比较级形容词和副词。

It may be possible to build faster ships, but scientists believe that they couldn't travel as fast as light. So they would still have long journeys ahead of them. （人称照应）

虽有可能造出速度更快的飞船，但科学家相信这种飞船的速度不会达到光速，因此科学家还面临着漫长的探索道路。

Health is above wealth, for this cannot give so much happiness as that. （指示照应）

健康比财富更重要，因为财富不能像健康那样给人以幸福。

4. 从句子成分来分析

一个词语在句中充当的成分不同，意义也不相同。特别是当某些词语，从形式上看，既可用作这一成分，又可用作另一成分时，必须根据上下文和全句的意思做出准确的判断，否则就会产生理解错误。

The inventor began his scientific career as a chemistry teacher. （介词短语用作状语修饰动词 began）

这位发明家从化学老师开始了他的科学生涯。

His first act as an engineer was to labour in the workshop. （介词短语用作定语修饰名词 act）

他当了工程师后的第一个行动是下车间劳动。

A successful scientist rejects authority as the sole basis for truth. （介词短语用作宾语 authority 的补足语）

有成就的科学家总是拒绝把权威当作真理的唯一基础。

（二）根据上下文和逻辑关系来确定词义

一般，一个孤立的英语单词，其词义是不明确的。句中的词从其所处语法语义关系及其与其他词的指涉关系中获得词义，即当其处于特定的关系中时，它的词义将受到毗邻词的制约而稳定明确。这里的上下文包括词的搭配、一般意义和专业意义、词的文化背景知识、上下文提示、有关虚词的关联作用、逻辑关系等。因此，根据上下文和逻辑关系判定词义都是词义辨析中非常重要的方法。

You should check your answers again and again before you hand in your paper.

你交卷之前应当反复核对答案。

I haven't checked my luggage yet.

我的行李还未寄存。

（三）根据词的搭配

词的搭配指词与词之间的一种横向组合关系。英汉两种语言在长期使用过程中各自形成了一些固定的词组或常见的搭配，这些搭配有时可以逐字译成另一种语言，有时则不行。造成英汉词语搭配差异的因素有三种：词在各自语言中使用范围大小不同；词在各自语言中引申意义有所不同；词在各自语言中上下文的搭配分工不同。因此，翻译时应注意英汉两种语言中词的搭配差异，在译语中选择恰当的语言来表达。

首先，要注意定语和修饰语的搭配关系。

Open：

an open book 一本打开的书

an open question 一个悬而未决的问题

an open river 一条畅通无阻的河流

open speech 开幕词

Soft：

soft pillow 软枕

soft music 轻柔的音乐

soft drink 不含酒精的饮料

soft heart 慈心

红：

红糖 brown sugar

红运 good luck

红榜 honour roll

红豆 love pea

红颜 a beautiful girl

场：

网球场 tennis court

高尔夫球场 golf course

杯：

咖啡杯 coffee cup

啤酒杯 beer mug

葡萄酒杯 wine glass

其次，要注意搭配分工。例如，动词与宾语的搭配。

Play：

play chess 下棋

play the flute 吹笛子

play with dice 掷骰子

play the hero 扮演英雄

Develop：

develop a base 开辟一个基地

develop tourism 发展旅游业

develop natural resources 开发自然资源

做：

做衣服 make clothes

做文章 write an essay

做证 give witness

此外，动物的叫声在英汉语言中都有各自的表达法。汉语里描述动物的叫声用得最多的是动词"叫"，但英语中动物的拟声词十分丰富，各种动物的叫声都有自己的表达法。翻译时，如果不加区别地使用，就会出现搭配错误。例如，狗叫——Dogs bark，蜜蜂嗡嗡叫——Bees buzz，绵羊咩咩叫——Sheep bleat，小鸡吱吱叫——Chickens peep，鸭子呱呱叫——Ducks quack。

（四）注意词的语用色彩

注意词的语用色彩即注意词义的运用范围、轻重缓急、褒贬色彩、语体色彩和政治含义。任何语言都有语体之分，有文雅，有通俗，有粗野，还有俚语、公文语及术语等。因此，为了忠实于原文的思想内容，翻译时应正确理解原作者的基本政治立场和观点，在译语中选用适当的语言手段加以表达。

1. 词义的运用范围及其侧重点

翻译时应准确理解词的意义。比如，country 表示国家的地理范畴，nation 体现在共同的地域和政府下的全民概括，land 给人以国土或家园之感，state 指国家的政治实体，power 表示国家的实力。又如，look、glance、stare、gaze、eye 和 peep 都表示"看"，但各个词的使用范围却有所不同。look 是词义范围比较广泛且比较通俗常用的词，泛指"看"这个动作；glance 是"一瞥"（a short, quick look）；peep 表示"偷看，窥视"（a secret glance）；gaze 表示"凝视，注视"（along, steady look, often caused by surprise or admiration）；stare 表示"盯着看，目不转睛地看"（a very surprised look or a very ill-mannered gaze）；eye 表示"注视，察看"（watch carefully）。

再如，offender 和 culprit 都有"罪犯"的意义，但其侧重点却有所差异。offender 指任何违反法律的人，不一定受法律的制裁；culprit 指已被起诉的犯下罪行的人。

2. 词义的轻重缓急

表示"笑"的词语有很多，如 laugh 是指"大笑"，chuckle 是指"轻声地笑"，smile 是指"微笑"，guffaw 是指"放声大笑、狂笑"，giggle 是指"傻笑"，jeer 是指"嘲笑"，smirk 是指"得意地笑"，grin 是指"露齿一笑"。

表示"哭"的词语也有很多，如 weep 是指"哭泣"，teary 是指"含泪的"，sob 是指"呜咽"，yammer 是指"哭诉"，howling 是指"哭哭啼啼的"，cry 是指"大哭"。

我国的进出口贸易总额有了较大幅度的增长。

There has been a sharp increase in the total volume of imports and exports.

sharp increase 是"激增"的意思，可改译 big increase。

我们必须广泛利用现代科学技术的新成就。

We must utilize the results of modern science and technology on a wide scale.

"成就"译为 results，太轻了，可改译 achievements。

3. 词义的褒贬和语体等感情色彩

词语的感情色彩取决于该词在交际情景中的使用情况，反映了作者运用某一词语时所赋予它的或肯定、或否定、或尊敬、或诅咒、或古朴典雅、或庄严肃穆、或诙谐幽默等意义。例如，"ambition"一词的词义既可作褒义，又可作贬义，完全取决于它在句中所含的潜在态度。

It is the height of my ambition to serve the country.

报效祖国是我最大的志向。

We have no ambition for that distinction.

我们并不奢望得到这个荣誉。

三、虚词的翻译

英语词分为实词和虚词，汉语词也有同样的分类。实词指有实在意义的词，表示事情、事物、感情、观点等；虚词则不表示具体的概念。英语中的虚词包括冠词（articles）、代词（pronouns）、连接词（conjunctives）和介词（prepositions）。由于没有实际的意义，翻译英语虚词的时候需要根据具体的语境和搭配决定如何将其译入中文。

（一）冠词的翻译

冠词是虚词的一种，没有独立的意义，只能依附在名词之前，包括不定冠词"a/an"和定冠词"the"。与汉语不同，英语冠词的存在非常广泛，含义也很丰富。不定冠词"a/an"与数词"one"同源，表示"一个"；定冠词"the"与"this"和"that"意思接近，表示"这个或那个"，只是指示程度比较弱。一般说来，不定冠词泛指某个事物或人，定冠词特指一个或几个事物或人。而汉语的名词前面是没有冠词的，名词本身也没有明确泛指或者特指的概念。因此，在英汉翻译的时候，要根据具体的语言环境决定如何处理名词前面的冠词。

You should take the medicine three times a day. 这个药每天吃三次。

You'd better take some medicine. 你最好吃点药。

Pass me the salt. 把盐递给我。

Please give me some salt. 请给我点儿盐。

另外，英语的专有名词、抽象名词和物质名词前一般不加冠词。但需要注意以下情况中加冠词和不加冠词之间意义的区别。

Do you like the music? 你喜欢这音乐吗？

I have a passion for music. 我酷爱音乐。

He took the advice immediately. 他立刻接受了这个意见。

Good advice is beyond price. 好意见是无价宝。

在英汉翻译中，英语冠词的翻译一般涉及如下情况。

1. 冠词的省译

由于不定冠词后面所跟的名词通常是前文没有出现过的事物或者人，一般来说，省译的相对较少；而定冠词后面的名词大多数是之前出现过的，很多时候被省略了。

A man came out of the room.

一名男子从屋里走出来。

汉语名词本身没有指示单复数的作用，因此需要用数量词表示出来。上面这个句子中的"a man"翻译成了"一名男子"，应当是前文中没有提到过的人物或者讲话参与者所不知道的人，因此不定冠词是翻译出来的。"the room"表示大家都知道的房间，所以定冠词"the"就省略了。也有一些情况是省略不定冠词的。

I haven't got a thing to wear.

我没有衣服可穿。

原文中的不定冠词"a"没有翻译出来，直接与前面的"haven't got"融合，译为"没有衣服"。

2. 冠词的翻译

英语的冠词在一些情况下是必须翻译出来的。

He died on a Monday.

他是在一个星期一去世的。

这个句子中的"a"表示"某个"，并不是所有星期一中的随意一个，而是说话者不确定死者去世的时间具体是什么时候，用"a Monday"表示一个比较模糊的时间概念。如果省略了"a"，变成了"他是在星期一去世的"，意思就和原句相去甚远了。

The news made her all the sadder.

这消息让她更加悲伤。

定冠词"the"用在"all"与形容词比较级之间，表示"更加……"因此在译文中这个定冠词是与其搭配词的语义融合在一起的；而"the news"当中的定冠词表示"她"当时所听到的那一则特定的消息，所以在译文中翻译为"这"，表示强调。

（二）代词的翻译

代词就是代替名词的词，可以分为人称代词（Personal pronouns）、物主代词（Possessive pronouns）、自身代词（Self pronouns）、相互代词（Reciprocal pronouns）、指示代词（Demonstrative pronouns）、疑问代词（Interrogative pronouns）、连接代词（Conjunctive pronouns）、关系代词（Relative pronouns）、不定代词（Indefinite pronouns）等。代词在句子当中起着名词的作用，也可以作为主语、宾语、表语、同位语等。英汉两种语言相比较而言，代词的用法有相似之处，也有不同的地方。汉语代词一般包括人称代词、指示代词和疑问代词，而英语代词多了名词性代词（mine, his, hers, ours, yours, theirs, its）、关系代词（that, which, when, where, who, etc.）和连接代词等。英语中使用代词的频率更高，指代关系比汉语更加明确，而汉语则倾向于重复人名或称谓，避免指代关系上的混乱。因此，在英译汉的时候，一定要弄清楚英文代词的指代关系，翻译出的汉语要适当减少代词的使用，使译文读起来更流畅，更符合汉语行文的习惯。另外，英汉翻译中，只要不影响读者理解指代关系，代词都应当省略不详。有时，为了让汉语读者明白原文中的指示关系，还需要将代词还原为所指代的名词。

Harmony is about seven meters long and about four meters wide. It will be a passageway between the laboratories and the rest of the space station.

和谐号船舱约 7 米长 4 米宽，将会成为空间站实验室和其余部分之间的过道。

这个例子当中，"It"指代的是前文出现过的"Harmony"，由于前后两个句子的主语都是一样的，所以合并为一个句子翻译出来，更利于读者阅读和理解。

（三）连词的翻译

连词主要在句子当中起连接作用，连接词与词或者分句与分句。英语连词包括从属连词（Subordinating conjunctions）和并列连词（Coordinating conjunctions）。从属连词引导从句，如"that""which""when""where""if"等。并列连词连接两个并列的词、短语或分句，包括"and""or""but"等。

If teacher, parents and psychologists understand the mistakes that can be made in ascribing a meaning to life, and provided they do not make the same mistakes themselves, we can be confident that children who lack social feeling will eventually develop a better sense of their own capacities and of the opportunities in life.

假如老师、父母和心理学家理解孩子们在对生活意义认识方面可能犯下的错误，假如这些人自己不犯同样的错误，我们就会有信心：缺乏社交情感的孩子最终会对自己的能力以及生活中的机会具有更佳的判断能力。

与英语不同，汉语是一种意合性语言，很多地方的连词是省略了的，如"你、我、他"，而形合性语言的英文就必须说成"he, you and me"，这个 and 是不可省略的连接词。从上面这段英文的译文，我们也可以体会出汉语意合的一些特征。

译文中只出现了两个连词，原文所有的从属连词全部融入整个句子的意思中了。由于汉语的意合性，汉语的词和词之间、词组之间与句子之间常常没有明显的连词，而是靠人们约定俗成的语言内在逻辑串联起来的，连接得非常灵活。我们常说的"尽在不言中""言下之意"或"不言自明"便是汉语这个特征的最好写照。而英语的形合性决定了英语行文的结构严密、语法规范。英语连词是虚词的一种，其语法功能远远大过其实际意义。所以，在英译汉的时候，一定要注意英汉之间形合和意合的差别；在翻译连词时，可根据具体的语境选择省译、增补、转译等方法。

1. 连词的省译

通过连词的省译，译文的意合性增强。

Do you want your coffee with or without sugar?

您的咖啡要不要加糖？

I can't come today or tomorrow.

我今明两天都不能来。

这两个句子当中的"or"在翻译当中都被省略了，直接意合为"要不要""今明两天"。

2. 连词的增补和转译

英语连词的翻译难度不大，但是译文要符合汉语的语言习惯和行文规范，有时候会涉及英语连词的增补和转译。这需要译者对原文的深层逻辑关系有准确的把握。

He went and lost my pen!

他居然把我的钢笔弄丢了！

这个句子中的"and"没有实际的连接意义，只是用"go"之后表示说话者的惊讶或愤怒。因此，在译文当中，我们完全找不到类似"和""且"等表示连接的字或者词。

We got there nice and early.

我们早早就到了那里。

同样，这个句子中的"and"在翻译时也意合到了整个语境中，译为"早早就"。

（四）介词的翻译

英语当中的介词用法繁多，所起的作用也各不相同。一般来说，介词按结构可分为简单介词（Simple prepositions），如"about""up""during"等；合成介词（Compound prepositions），如"alongside""inside""throughout"等；带"-ing"词尾的介词（-ing prepositions），如"barring""following""including"等；短语介词（Phrasal prepositions），如"according to""on behalf of""together with"等。如果按照意思分类，介词又可分为引导时间短语的介词，如"at""on""till"等；引导地点短语的介词，如"in""between""among"等；引导其他短语的介词，如"with""in spite of""owing to"等。不管如何分类，所有的介词都没有独立的意思，也不能在句子中作为独立的成分存在，只能与名词、代词、动名词，以及另一个介词、副词或形容词等以介词短语的形式在句中充当成分。

英汉翻译当中，介词的翻译也是非常灵活的，经常会根据具体语境处理为汉语的动词，也可译成汉语的介词、定语、状语，或采用成语转译，甚至省译。

She is out of work.

她失业了。

The old man is familiar with the town.

那位老人对这个镇很熟悉。

The house next to ours was burnt down last week.

我家旁边的房子上周烧毁了。

At last he went back on foot.

最终他还是走回去了。

What are the major differences between British English and American English?

英式英语和美式英语有什么主要的区别？

He fell for her at first sight.

他对她一见钟情。

第二节　跨文化交际下的英汉句式翻译

一、特殊结构句的翻译

（一）省略句

语言的使用以简洁为贵，人们在说话、写作和翻译时，有时出于句法和修辞的需要，常常省去某些不必要的成分，而意思仍然完整，这种缺少一种或一种以上成分的句子称为省略句。英语和汉语中都存在省略句。省略的形式多种多样，可以是主语、谓语和宾语，也可以是一个成分或多个成分。对省略句的翻译，不管是英译汉，还是汉译英，关键在于对省略成分的准确理解。翻译时，根据译文语言的表达习惯，增加或省略被省略的成分。如果看不清楚被省略的部分，就会产生误解，导致错误的翻译。下面探讨翻译省略句的常用方法。

1. 原文中省略的部分，译文中补出

省略是英语句子的一种习惯用法。英语句子中的某个或某些成分有时可以在句中不必出现，或者前面已出现过的某些成分，为了避免不必要的重复，后面可以不再出现。英语中的各种成分，如主语、谓语动词、表语、宾语、定语和状语等，都可以在句中省略。但翻译时，准确理解被省略的成分，可将其在译文中补出。

The symbol for hydrogen is H; for oxygen, O; for nitrogen, N.

氢的符号是 H；氧的符号是 O；氮的符号是 N。（增加主语）

Courage in excess becomes foolhardiness, affection weakness, and thrift avarice.（省略定语和谓语动词）

勇敢过度即成蛮勇，感情过度即成贪婪。

Truth speaks too low, hypocrisy too loud. （省略谓语动词）

真理讲话声太低，虚伪嗓门太大。

2. 原文中省略的部分，译文继续省略

英语中被省略的部分，有时根据译文需要，也可以在译文中省略。例如，有些从句中省略了和主句中相同的部分，此时根据需要，可以省略原文中省略部分，尤其是由 than 引导的比较从句，从句中被省略的部分常常不详。

What if the sun is not shining? （What will happen if…）

如果没有太阳照耀，那怎么办？

The culture and customs of America are more like those of England than of any other country.

美国的文化和风俗习惯与其他国家相比，和英国最为接近。

在汉译英时，有时根据英语的行文表达习惯，也可以省略一些成分。

（二）倒装句

一般说来，英语陈述句的正常词序为：主语+谓语动词+宾语（或表语）+状语。但英语的词序比较灵活，有时为了强调句中某一成分，从修辞角度考虑，可将句中的有关成分提前，构成倒装。英语的倒装可分为结构性倒装和修辞性倒装两大类。倒装句的翻译关键在于对倒装句的理解，理解的关键在于对句子做出正确的语法分析，找出句子的主干，确定什么成分被倒装。一般来讲，翻译结构性倒装，汉语可采用正常语序；翻译修辞性倒装，可根据译文的需要，或保留原文语序，即仍然在汉语中使用倒装语序，或采用正常语序。

1. 结构性倒装的翻译

结构性倒装是由语法结构的需要引起的倒装，主要包括疑问倒装，there be 结构倒装，虚拟倒装，以 there、here、then、thus、now、so、nor 和 neither 等副词位于句首引起的倒装。结构性倒装的翻译一般采取正常语序。

Are you fond of country music?

你喜欢乡村音乐吗？

There is nothing on the table.

桌子上什么也没有。

Had they been given more help, they would not have failed.

假如给予他们更多的帮助，他们就不会失败了。

Tom didn't like sports programs. Nor did his wife.

汤姆不喜欢体育节目，他妻子也不喜欢。

2. 修辞性倒装句的翻译

修辞性倒装句的目的是加强语气，或避免头重脚轻，它包括句首为表示地点的介词或介词短语、否定倒装、让步倒装、only 位于句首引起的倒装、为了叙述方便或使情景描写更加生动形象而引起的倒装等。这类倒装，根据需要，可采用正常语序或倒装语序进行翻译。

Little do we suspect that this district is rich in water resources.

这一地区水利资源丰富，我们对此深信不疑。（正常语序）

Talent，Mr. Robert has，capital Mr. Robert has not.

说到才能，罗伯特先生是有的；谈到资本，他却没有。（倒装语序）

Tired as he was，my brother went on working.

虽然累了，我哥哥仍然坚持工作。（正常语序）

Most information we get from him.

大部分消息我们是从他那里得来的。（倒装语序）

（三）分词短语和分词独立结构的翻译

分词短语可分为现在分词短语和过去分词短语。一般说来，分词短语的翻译并不难，可根据它们在句中充当的成分译成汉语中相应的成分。这里主要探讨分词短语作状语时的翻译。分词短语作状语可表时间、原因、方式、结果、条件和伴随状况等逻辑关系。翻译的关键在于要准确理解分词短语与句子谓语动词之间的逻辑关系，然后在译文中补充表示相应逻辑关系的词语。

Not knowing the language，he didn't know how to ask the way.

他因为不懂语言，不知道怎样问路。（表原因）

The hunter fired，killing a fox.

猎人开枪打死了一只狐狸。（表结果）

Shouting loudly，the children ran to the zoo.

孩子们大声喊叫着朝公园跑去。（表伴随）

Having more money，I could afford to buy the house.

如果有更多的钱，我就能买下这座房子了。（表条件）

Being a metal，mercury is not a solid.

汞虽是金属，但不是固体。（表让步）

Coming out to the street，I felt a bit cold.

来到大街上之后，我感到有点冷。（表时间）

当分词短语作状语，带有自己的逻辑主语时，这种结构称为独立结构。独立结构可表示时间、原因、条件或伴随状况等逻辑关系。分词独立结构的翻译关键在于弄清楚独立结构表示什么关系，然后在译文中补充表示相应逻辑关系的词语。

Weather permitting, we will have the match.

如果天气允许，我们就举行比赛。（表条件）

Her leg wounded, Ellen could do nothing but stay at home.

腿受伤了，埃伦只好待在家里。（表原因）

（四）并列结构句

汉语的动词没有形态变化，所以从表面形式上看并列的结构较多。英语动词可以呈现不同的形态，如动词原型、动词不定式、分词。此外，在汉译英中常出现词性转换的情况。例如，汉语动词可转为英语名词、介词等。因此，在英译的过程中汉语的并列结构常转为不并列的结构，会失去原汉语的平衡美感。有时译者应有意识地保持英译文中词汇形态的一致性和结构的平衡性。如果出现形态不一致，可以改变英译文中词汇的词性、词形，甚至增补语义不明显的词汇，以求形态一致。

当然，有时汉语句型结构也会比较随意，翻译时如果发现汉语语义上并列，但结构上未处于并列关系，译者应调整词序，使它们处在相应的结构上，这样可增强译文的平衡感和可读性。

1. 把汉语并列结构译成英语并列结构

现在，我们发展社会主义市场经济，与马克思主义创始人当时所面对和研究的情况有很大不同。

第一种：At present, we are putting in place a socialist market economy. But the conditions we are faced with are quite different from those the founders of Marxism were faced with and studied.

第二种：At present, we are putting in place a socialist market economy. But the conditions we are faced with are quite different from those the founders of Marxism faced and studied.

通常认为第二种译法质量较好，该译文用主动的 face，既与 study 平衡并列，又避免了与前面的 are faced with 重复。

2. 把汉语非并列结构改成英语并列结构

鼓励、支持和规范社会力量办学、中外合作办学。

The government will encourage, support and standardize school management by non-governmental sectors or by Chinese-foreign cooperation.

"社会力量"是具体名词，"中外合作"是抽象名词，如果译成 by non-governmental sectors or by Chinese-foreign cooperation，未取得平衡，因为 sectors 是具体名词，cooperation 是抽象名词。如果把 cooperation 换成 undertakings，这一问题便可以解决。

二、几类英语从句的翻译

（一）定语从句

1. 限制性定语从句的翻译

限制性定语从句对所修饰的先行词起限制作用，与先行词关系密切，不用逗号隔开，翻译这类句子可以用以下方法。

第一，前置法。前置法就是将英语限制性定语从句译成带"的"字的定语词组，放在被修饰的词前面，从而将复合句译成汉语单句。这种方法常用于比较简单的定语从句。

Everything that is around us is matter.

我们周围的一切都是物质。

That's the reason why I did it.

这就是我这样做的原因。

A man who doesn't try to learn from others cannot hope to achieve much.

一个不向别人学习的人是不能指望有多少成就的。

The few points which the president stressed in his report are very important indeed.

院长在报告中强调的几点的确很重要。

第二，后置法。如果定语从句的结构比较复杂，译成汉语前置定语显得太长而不符合汉语表达习惯时，可以译成后置的并列分句。

首先，可以译成并列分句，省略英语先行词。

He is a surgeon who is operating a patient on the head.

他是一个外科医生，正在给病人头部动手术。

其次，可以译成并列分句，重复英语先行词。

She will ask her friend to take her son to Shanghai where she has some relatives.

她将请朋友把她的儿子带到上海，在上海她有些亲戚。

第三，融合法。融合法是把原句中的主句和定语从句融合在一起译成一个独立句子的一种方法。

There is a man downstairs who wants to see you.

楼下有人要见你。

2. 非限制性定语从句的翻译

英语非限制性定语从句对先行词不起限定作用，只对它加以描写、叙述或解释，翻译这类从句时可以运用下列方法。

第一，前置法。一些较短的且具有描写性的非限制性定语从句可以译成带"的"字的前置定语，放在被修饰词的前面。

The emphasis was helped by the speaker's mouth, which was wide, thin and hard set.

讲话人那又阔又薄又紧绷的嘴巴，帮助他加强了语气。

He liked his sister, who was warm and pleasant, but he did not like his brother, who was aloof and arrogant.

他喜欢热情快乐的妹妹，而不喜欢冷漠高傲的哥哥。

第二，后置法。后置法的处理主要有两种情况。

首先，译成并列分句。

After dinner, the four key negotiators resumed the talks, which continued well into the night.

饭后，四位主要人物继续进行谈判，一直谈到深夜。

其次，译成独立分句。

They were also part of a research team that collected and analyzed data which was used to develop a good ecological plan for efficient use of the forest.

他们还是一个研究小组的成员，这个小组收集并分析数据，用以制订一项有效利用这片森林的完善的生态计划。

3. 兼有状语功能的定语从句

英语中有些定语从句兼有状语从句的功能，在意义上与主句有状语关系，说明原因、结果、目的、让步、条件、假设等关系。在翻译的时候，应根据原文发现这些逻辑关系，然后译成汉语各种相应的偏正复合句。

（1）译成原因偏正句

Einstein, who worked out the famous Theory of Relativity, won the Nobel Prize in 1921.

爱因斯坦由于创立了著名的相对论，于 1921 年获得了诺贝尔奖。

（2）译成时间偏正句

Electricity which is passed through the thin tungsten wire inside the bulb makes the wire very hot.

当电通过灯泡里的细钨丝时，会使钨丝变得很热。

（3）译成目的偏正句

He wishes to write an article that will attract public attention to the matter.

他想写一篇文章，以便能引起公众对这件事的注意。

（4）译成结果偏正句

There was something original, independent and heroic about the plan that pleased all of us.

这个方案富于创造性，独具匠心，很有魅力，我们都很喜欢。

（5）译成让步偏正句

The question，which has been discussed for many times，is of little importance.

这个问题尽管讨论过多次，但没有什么重要性。

（6）译成条件或假设偏正句

The remainder of the atom，from which one or more electrons are removed，must be positively charged.

如果从原子中移走一个或多个电子，则该原子的其余部分必定带正电。

（二）名词性从句的翻译

1. 主语从句的翻译

以 what，whatever，whoever 等代词引导的主语从句可按原文的顺序翻译其中，以 what 引导的名词性关系从句可译为汉语的"的"字结构或在译成"的"字结构后适当增词。

Whoever did this job must be rewarded.

无论谁干了这件工作，一定要得到酬谢。

What he told me was half-true.

他告诉我的是半真半假的东西而已。

以 it 作形式主语的主语从句，翻译时根据情况而定。可以将主语从句提前，也可以不提前。

It doesn't make much difference whether he attends the meeting.

他参加不参加会议没有多大关系。

It seemed inconceivable that the pilot could have survived the crash.

驾驶员在飞机坠毁之后，竟然还活着，这似乎是不可想象的。

2. 宾语从句的翻译

以 what、that、how 等引导的宾语从句，在翻译时一般不需要改变它在原句中的顺序。

Can you hear what I say?

你能听到我所讲的话吗?

3. 表语从句的翻译

同宾语从句一样，表语从句一般也可按原文顺序进行翻译。

This is what he is eager to do.

这就是他所渴望做的事情。

That was how a small nation won the victory over a big power.

就这样，小国战胜了大国。

This is where the shoe pinches.

这就是问题的症结所在。

4. 同位语从句的翻译

一般情况下，同位语用来对名词或代词做进一步解释，单词、短语或从句都可以作同位语。在翻译时，并没有对同位语的顺序做过多规定，一般可以保留同位语从句在原文的顺序，也可以将从句提前。

It does not alter the fact that he is the man responsible for the delay.

延迟应由他负责，这个事实是改变不了的。

He expressed the hope that he would come over to visit China again.

他表示希望再到中国来访问。

此外，在翻译时，还可以采用增加"即"或"以为"，或用破折号、冒号将同位语从句与主句分开的方法。

But it ignores the fact that, though pilots, we potentially were in as much danger of capture as any covert agent.

但忽略了这一点，即我们虽说是驾驶员，却和任何潜伏的特务一样有被俘的危险。

(三) 状语从句的翻译

1. 时间状语从句的翻译

对于时间状语从句的翻译，这里以较为复杂的 when 为例进行说明。在翻译 when 的时间状语从句时，不能拘泥于表示时间的一种译法，要结合实际环境，采用不同的翻译方法。具体翻译方法有以下几种。

(1) 译为相应的表示时间的状语从句

When she spoke, the tears were running down.

当她说话的时候，眼泪都流下来了。

(2) 译为"刚……就……"结构

Hardly had we arrived when it began to rain.

我们一到就下雨了。

(3) 译为"每当………""每逢……"结构

When you look at the moon, you may have many questions to ask.

每当你望着月球时，就会有许多问题要问。

(4) 译为"在……之前""在……之后"结构

When the firemen got there, the fire in their factory had already been poured out.

在消防队员赶到之前，他们厂里的火已被扑灭了。

(5) 译为条件复句

Turn off the switch when anything goes wrong with the machine.

一旦机器发生故障，就把电源关上。

（6）译为并列句

He shouted when he ran.

他一边跑，一边喊。

2. 条件状语从句的翻译

（1）译为表"条件"的状语分句

If you tell me about it, then I shall be able to decide.

如果你告诉我实情，那么我就能作出决定。

Presuming that he is innocent, he must be set free.

假如他是无罪的，就应当释放他。

（2）译为表"补充说明"的状语分句

He is dead on the job. Last night if you want to know.

他是在干活时死的，就是昨晚的事，如果你想知道的话。

（3）译为表"假设"的状语分句

If the government survives the confident vote, its next crucial test will come in a direct vote on the treaties May 4.

假使政府经过信任投票而保全下来的话，它的下一个决定性的考验将是 5 月 4 日就条约举行的直接投票。

3. 原因状语从句的翻译

（1）译为因果偏正句的主句

Because he was convinced of the accuracy of this fact, he stuck to his opinion.

他深信这件事正确可靠，因此坚持己见。

（2）译为表原因的分句

The crops failed because the season was dry.

因为气候干旱，农作物歉收。

4. 让步状语从句的翻译

（1）译为表"无条件"的状语分句

No matter what misfortune befell him, he always squared his shoulder and said: "Never mind. I'll work harder."

不管他遭受到什么不幸的事儿，他总是把胸一挺，说："没关系，我再加把劲儿。"

（2）译为表"让步"的状语分句

While this is true of some, it is not true of all.

虽有一部分是如此，但不见得全部是如此。

5. 目的状语从句的翻译

（1）译为表"目的"的前置状语分句

We should start early so that we might get there before noon.

为了在正午以前赶到那里，我们应该尽早动身。

（2）译为表"目的"的后置状语分句

He told us to keep quiet so that we might not disturb others.

他叫我们保持安静，以免打扰别人。

第三节 跨文化交际下的英汉篇章翻译

一、英汉篇章的联系与差异

（一）英汉语篇的共同点

自然语言的语篇，无论是英语还是汉语，都具有以下共同点。

1. 语义的连贯性

"完整语义"的语篇必须是一个语义单位，应合乎语法，语义连贯，有一个论题结构或逻辑结构，句子之间有一定的逻辑关系。语篇中的话段或句子都是在这一结构基础上组合起来的。一个语义连贯的语篇必须具有语篇特征，它所表达的是整体意义。语篇中的各个成分应是连贯的，而不是彼此无关的。

①A：今天你上街去干什么？B：我上街去买衣服。

②A：今天你上街去干什么？B：他父亲是个医生。

③Fishing is Mark's favorite sport. She often waits for her sister for hours. But this is not my watch.

④Fishing is Mark's favorite sport. He often fishes for hours without catching anything. But this does not worry him.

例①中的一问一答从语义上看是连贯的，因而具有语篇特征。例②中的 B 句答非所问，因而不具有语篇特征，不是语篇。例③中三个分句虽然语法正确，但它们之间缺乏语义连贯，无法形成表达一定意义的整体，也就无法形成语篇。例④中三个句子衔接连贯，构成语篇。

2. 衔接手段相同

衔接是将语句聚合在一起的语法及词汇手段的统称，是语篇表层的可见语言现象。从语篇的生成过程来看，它是组句成篇必不可少的条件，从业已生成的语篇来看是语篇的重要调整之一。在英汉两种语言中，语义的连贯都要靠种种衔接手段，即语篇组织（texture）。

3. 连贯和隐性连贯

以上衔接与连贯框架中的五个层次还可分为显性与隐性两种情况：显性是体现于词汇、语法、结构等语言表层形式的，隐性则有赖于语境和语用因素蕴含的连贯。衔接是连贯的外在形式，连贯是衔接的内在意义，两者既统一（显性连贯），又不统一，即并非有衔接就是真正连贯的语篇，无衔接的也可能是真正连贯的语篇（隐性连贯）。总之，语义连贯是语篇的实质，种种有形的衔接是其组织形式。单有衔接而无连贯不是语篇，两者皆备是显性连贯，有连贯而无衔接是隐性连贯。这种情况英汉语概莫能外，但并非彼此对应，即英语的显性连贯译成汉语可能是隐性连贯，反之亦然。

连贯的语篇是思维连贯性的语言表现，思维的连贯性就是思维的逻辑性，这是人类理智的共同特征和功能，是人与人之间的交流沟通及双互译的根本保证。缺乏逻辑性或违背逻辑的任何语言符号既无意义，也产生不了真正的语言交际。因此，可以说，形成语篇的根本是逻辑，理解语篇的根本也是逻辑，一切语篇无不深藏着思维的逻辑。自然语言丰富多彩，种种语言变化无穷的语篇之所以具有共性和相通性，关键就在于逻辑的普遍性。明确这一点乃是分析语篇、理解语篇的基础，也是英汉语篇对比的基础。也只有明确这一点，才会明白，语义相同的语篇，其衔接与连贯的不同只是语言形式上的，只有把握其内在逻辑的一致，才能保证语义内容的忠实传达。

4. 文体的多样性

自然语言的千差万别可以归为文体、体裁、语体和风格的不同，包括口头与书面、正式与非正式、不同语域和区域性的语体分别，不同时代的文风差异，诗歌、散文、小说、论述、应用等各具特色的体裁划分，因人而异的不同风格。文体多样性在英汉语言中同样存在，它们的分类也大体相同。各种分类都能在译语中找到相对应的形式。

（二）英汉语篇的基本差异

英汉语篇的基本差异有内在的思维和外在的衔接与连贯两个方面，内外相互影响，又相互独立。但一般说来，思维层面的差异是决定性因素。

首先，英汉语分别呈现直线形与螺旋式的特征，这从根本上讲是中西方各自重综合与重分析的思维习惯的体现。所谓直线形，就是先表达出中心思想，然后由此展开，后面的意思都由前面的语句自然引出。英语长句"叠床架屋"式的结构最典型地表明了这种思维逻辑。如：

But I would like to do the same with the acclaim too, by using this moment as a pinnacle from which I might be listened to by the young men and women already dedicated to the same anguish and travail, among whom is already that one who will some day stand here where I am standing. （W. Faulkner, Acceptance Speech）

对于人们给予我的赞扬，我也想作出同样的回报：借此国际学界的最高盛会，请业已献身于同样艰苦劳作的男女青年听我说几句话，因为在他们中间，将来站在我现在所站的讲台上的人已经产生了。

汉语的螺旋式是以"起、承、转、合"为典型的，先宣称主题之重要，然后展开反复论述，最后回归主题，并对它再三强调。其根本特征显然是重复，乃至不厌其烦地强调，即词语和结构的复现与叠加。简短的语篇也常见这种现象。英汉语篇思维逻辑的差异继而造成两种语言语篇衔接与连贯方式的不同。上例的译文中皆有体现。

其次，在语言构思方式和语言组织方式上，英语呈现形合特征，而汉语呈现意合特征。形合和意合的区别就是语篇连贯的隐显不同。英语形合指英语必须含有体现词汇语法的显性衔接，也就是从语言形式上把词语、句子结合成语篇整体。而汉语的意合则无须借助词汇、语法的衔接手段，仅靠词语和句子内涵意义的逻辑联系，或靠各种语境和语用因素，便能构成连贯的语篇。因此，英汉互译时，便常见隐显不一的情况。如：

When it came out in a newspaper interview that I said Nixon should resign, that he was a crook, oh dear, that fur flew.

在一次记者采访时，我说了尼克松应该辞职，他是坏蛋的话。这一谈话在报纸上一披露，啊呀不得了啦，立刻就翻了天。

最后，英汉语篇的差异还体现在两种语言在思维上存在客体意识和主体意识的差别。中国人讲究天人合一、万物皆备于我，所以凡事凡物皆有很强的主体参与意识，语言表现多以"人"为主语。西方因注重个体思维，重理性的分析而执着于主客体分离和区别，所以一方面以"人"这个主体为主语，另一方面更多地抱客观审视的态度，以事物为主语，对其进行客观、冷静的剖析和描述，这就造成英汉语篇主语或重心的差异。如：

It has been mentioned that Rebecca, soon after her arrival in Paris, took a very smart and leading position in the society of that capital, and was welcomed at some of the most distinguished houses of the restored French nobility. （W. M. Thackeray, Vanity Fair）

我曾经说过，利蓓加一到法国首都巴黎，便出入上流社会，追逐时髦，出尽风头，连好些光复后的王亲国戚都和她来往。（威廉·梅克比斯·萨克雷《名利场》，杨必译）

二、英汉篇章翻译的衔接与连贯

（一）衔接

1. 英汉语言语法的衔接

语法连接指借助构造句子的语法手段，即标示词语之间结构关系的因素来实现语篇的衔接和连贯。这些因素可以是具有语法功能的词语，也可以是词语的特定语法形式，还可以是无特定词语的纯结构形式。

（1）英汉语言语法连接的差异

①英语的语法连接具有明显的显性连贯，而汉语的语法连接接近于隐性连贯。英语的显性连贯借助形态变化和形式词，明显地标明词之间、词语之间、短语之间或小句之间等的语法关系。形态变化包括起构词作用的构词形态和表示语法意义的构形形态。英语有形态变化，而汉语中却没有严格意义的形态变化。英语中的形式词指用来表示词语间、句子中小句间和语段中句子间关系的起连接作用的词。英语中作为连接手段和形式的词不仅数量大、种类多，而且使用频繁，主要的连接手段和形式有介词、冠词、关系词（包括关系代词和关系副词）、连接词（包括并列连接词和从属连接词）和其他连接手段，如 it 和 there。汉语造句更注重隐性连贯，以意统形，少用甚至不用形式手段，靠词语与句子本身意义上的连贯与逻辑顺序而实现连接。

He boasts that a slave is free the moment his feet touch British soil and he sells the children of the poor at six years of age to work under the lash in the factories for sixteen hours a day.

他夸口说一个奴隶从他的脚踏上英国土地的那一刻起就是自由的，但他却把穷人家 6 岁大的孩子们卖到工厂在皮鞭下干活，一天要劳作 16 个小时。

形态变化包括：名词的单复数（feet，children，years，factories，hours），谓语动词的时态、数以及语态（boasts，is，touch，sells），代词（he，his），冠词（a slave，the moment，the children，the poor，the lash，the factories，a day），介词（of，to，under，in，for），连接词（that，the moment，and），一致关系（He—his，He—boasts，he—sells，his feet—touch）。

②英汉两种语言在语法连接手段上都用语法手段，但各自所采用的具体方式有所不同。例如，英语的时体形式，在翻译时，汉语则要用替代方式。由于英汉语篇在语法衔接手段上存在差异，在英汉翻译时就需要恰当地进行语法连接手段的转换。英语（或汉语）用某种语法连接方式，翻译成汉语（或英语）则要靠词汇手段、逻辑手段或隐性连贯之类。

（2）英汉语篇语法衔接的转换

①从时体形式上分析。英语的时体作为语篇衔接的语法手段。

Roger has finished the thesis. Caroline arrived from New York.

罗杰完成了论文。因为卡罗琳从纽约来到了他身边。

Roger has finished the thesis. Caroline will arrive from New York.

罗杰完成了论文。卡罗琳将从纽约来看他。

②从替代关系上分析。所谓替代，指用词语代替前文的某些词语，但不是指称性的一致关系，而只是具有同等或类似语义。替代主要包括名词替代、动词替代和分句替代。替

代在英汉语中都存在，且往往互相对应。但互不对应难以照译时，需要借助其他衔接或连贯手段。

A：I'll have a cup of black coffee with sugar，please.

B：Give me the same，please.

A：劳驾，我要一杯加糖的清咖啡。

B：请给我也来一杯。（试比较：请给我也来同样的。）

③从省略关系上分析。省略是用词汇空缺的方式来达到上下文衔接的目的。语篇分析中常将省略分为三类：名词性的省略、动词性的省略和分句性的省略。这三类省略多数是出于语法结构的需要。语法结构上的省略是英汉语篇衔接的常见形式。无论是英语还是汉语的语法结构上的省略，若无法忠实照译，都是以目的语的词语重复或替代来解决问题。但名词性省略一般英汉语是一致的。

Take these pills three times a day. And you'd better have some of those too.

这些药片一天吃三次。还有那些也最好吃一点。

汉译英中要特别关注的省略现象是汉语零位主语的问题。汉语的零位主语是汉语中的一种普遍现象，与英语中的省略并非完全一回事。这是因为汉语不是主语突出的语言，组词成句是围绕主题而展开的。所以，汉语中主语有时无须出现，而读者自明。这时，汉译英就需要填补上。

2. 英汉语言词汇的衔接

词汇连接指的是语篇中出现的一部分词汇相互之间在语义上的联系，或重复，或由其他词语替代。词汇连接是运用词语达到语篇衔接目的的手段，包括语义的重复再现和各种指称关系。英汉语篇的词汇衔接手段不仅总的具体方式完全相同，而且几乎都能够对应照译，特别是在语义重复方面。但也有不一致的地方，尤其在指称照应方面，不同多些。

（1）语义重复

语义重复指运用同义词、近义词、上义词、下义词、概括词等构成的词汇链。它包括完全相同的语义词汇的直接重复，具有各种语义关系的词的同现，以及具有因果、修饰等组合搭配关系的词的同现。

The recovery of organs does not begin until after the heart stops beating and death is certified by a physician not affiliated with the transplant program.

器官的复原，应在心脏停止跳动，死亡已被与器官移植无关的医生证明之后，才能进行。

（2）指称照应

指称照应是语篇衔接的重要手段，涉及人、物、事、时间、地点和词语等一切方面，既有对外部现实世界的外指，又有对语篇内语言要素的内指，既有回指，又有下指。指称照应是为了语篇上下文的照应，形成一个照应性的系统，即一个意义完整、有机统一的语篇。英汉语在指称照应上的差异主要体现在人称指称和指示指称上。就英汉翻译而言，人称指称和指示指称是最具实践和理论价值的语篇现象。

人称照应在有些上下文中是至关重要的，尤其是英译汉。如果理解不正确，译文就会出现错误。

The patient shook her head and stretched out her hands towards the baby. The doctor put it in her arms. She kissed it on the forehead.

病人摇了摇头，把手向婴儿伸去。医生将孩子放到她怀里，她吻了吻孩子的前额。

There are two classes of people: the selfish and the selfless; these are respected, while those are looked down upon.

世上有两种人：自私者和忘我者；忘我的人受到尊敬，而自私的人则遭鄙视。

3. 英汉语言的逻辑衔接

逻辑连接的差异是语篇内深层次的最普遍的连接，是保证语篇的必备条件之一。逻辑连接也有显性与隐性之分。显性逻辑连接指使用了 and、but、then、for 等连接语的衔接。隐性逻辑连接指那些不使用连接语而靠语用、语境等实现的连接。就英汉语比较而言，逻辑关系总的来说是英汉相通的，即时空、因果、转折和表示相类同的推延等基本的逻辑关系是一致的。但是英汉语的逻辑关系有时也有差异，如英语的时空关系，汉译时常改为因果关系，反之亦然。总的说来，由于英汉连接语的差异和逻辑关系显性与隐性的差异，英汉翻译时，译者应选择正确的逻辑连接词或连接语，或隐或显，以使译文符合译语的表达习惯。

Where there is a will, there is a way.（空间关系）

有志者事竟成。（条件推断）

（二）连贯

在翻译中，如果一句一句孤立地看，有些译文似乎问题不大，但从通篇或整段来看，译文却犹如断线残珠，四下散落，没有贯穿联成一气的逻辑线索或脉络。究其原因，主要是忽视了原文中或明或隐的连贯性，没有在翻译中采取相应的连接和连贯手段，使译文不能成为一气呵成的有机整体。由此可见，连贯性在翻译中起着非常重要的作用。连贯是语篇中语义的关联，连贯存在于语篇的底层，通过逻辑推理来达到语义连接。它是将词语、小句、句群在概念和逻辑上合理、恰当地连为一体的语篇特征。连贯的语篇有一个内在的逻辑结构，从头到尾将所有概念有机地连接在一起，达到时空顺序明晰、逻辑层次分明的效果。

实际上，连贯总是和衔接密切相关的，它们都是构成语篇的重要特征之一。但这两个概念也有区别。衔接是通过词汇和语法手段得以实现的，而连贯可以借助信息的有序排列来达到。要实现语篇连贯，通常采用"明显"和"隐含"两种方法。前者与语篇的衔接有关，指运用词汇手段，如连接词，来形成连贯标志；后者指信息的合理排列，这是一种无标志的连贯。试比较下面的例子，看看各自语篇的连贯是如何实现的。

Swiveling from languor to ferocity, from sorrow to sarcasm, from command to confusion, Pryce is a Hamlet for our time of cosmic jitter and colliding antitheses.

普赖斯扮演的哈姆雷特，性格不断变化：一会儿心灰意冷，一会儿狂暴凶煞；一会儿满腔愁绪，一会儿讽世讥俗；一会儿镇定自如，一会儿无所适从。他是我们这个高度紧张、激烈冲突时代的哈姆雷特。

在翻译过程中，译者最终提供给读者的是怎样的一个语篇，完全取决于译者对原文语篇内容的理解、结构的认识及译语语篇的构建能力。从语篇连贯性而言，译者首先要充分把握原文，认清原文的逻辑层次和脉络，也就是说，要对原文语篇的连贯结构有明确的分析和把握。这是保证译文具有连贯性的前提。其次，在对原文语篇连贯结构充分理解的基础上，译者要依照译文的连贯模式和规律对原文语篇进行重新构建。

翻译过程不仅是一种语言符号的转换过程，也是逻辑关系的转换过程，也就是连贯结构的重新构建过程。从本质上看，这一过程涉及思维的转换过程，也就是说，译者的思路要经历一个从原文连贯结构到译语连贯结构规范的转换。这种转换体现着两种语言、两种文化的思维定式的对应、对照，甚至冲突，这就需要译者在思维方式上进行调整、变通，并把这种调整在译语语篇的连贯结构中具体体现出来。

三、英汉应用文体翻译策略

（一）功能目的论与英汉应用文体翻译

曹明伦教授认为："人类的主动行为都有其目的，翻译行为自不例外。但翻译行为毕竟是一种特殊的人类主动行为，因此其目的也必然具有特性。"德国"功能翻译论"（Functional Approach to Translation）代表人物诺德（Christine Nord）从功能的角度将翻译定义为："翻译是创作使其发挥某种功能的译语文本。它与其原语文本保持的联系将根据译文预期或所要求的功能得以具体化。翻译使由于客观存在的语言文化障碍而无法进行的交际行为得以顺利进行。"在这个定义中，诺德认为："原文和译文之间必有一定的联系，这种联系的质量和数量由预期译文功能确定，它也为决定特定语境的原文中哪些成分可以'保留'，哪些可以或必须根据译语语境进行调整甚至'改写'（包括可选择的和必须进行的改写）提供了标准。"目的论的代表人物弗米尔认为，"要以文本的目的（Skopos）为翻译的第一准则"，他把翻译看作特定情况下的某种"有意图、有目的的行为"。尽管"功能目的论"可以用来指导文学翻译和应用翻译，方梦之教授认为："相比较而言，它（功能目的论）对应用类语篇的指导作用更为明显。"

纽马克（Newmark）根据文本不同的内容和文体把文本划分为表达功能（expressive function）、信息功能（informative function）和呼唤功能（vocative function）三种。以表达功能为主的文本主要包括文学作品、散文、自传、个人信件等，其目的在于表情达意，将个人的感情表达出来。以信息功能为主的文本包括非文学作品、教材、学术论文、报纸杂志上面的文章等，其中心是涉及语言之外的现实世间的现实生活。以呼唤功能为主的文本旨在向读者呼吁，号召他们采取行动、去思考、去感受，这类文本通常涉及通知、宣传、口号和广告等内容。

从语言用途的角度划分，应用翻译属于"特殊用途英语"（English for Specific Purposes，ESP）的范畴。"专门用途英语是现代英语的一种变体，涵盖的语篇体裁非常广泛，几乎包括了除文学诗歌类语篇之外的所有体裁。"

（二）英汉应用文体翻译的策略

关于应用翻译的原则和标准，方梦之教授曾指出："应用文体包罗广泛，不同的次语域具有不同的特点。信息性、劝导性和匿名性是绝大多数应用语篇具有的主要特点。根据不同的问题特点及翻译委托人的要求，应采用不同的翻译策略。"他还提出了应用翻译的三条原则——达旨、循规、共喻，从翻译理论的层面和高度提出了应用翻译需遵循的原则和采用的标准。吕和发认为方梦之教授提出的这三个原则"在更大范围上提高对应用翻译实践和研究的适用性，提高理论的概括力和解释力，达旨达到目的、传达要旨，循规遵循译入语规范，共喻——使人明白晓畅。三者各有侧重，互为因果"。

林克难教授经过多年的翻译教学潜心研究，提出了应用翻译"看、译、写"的三原则。这三个原则的核心就是"译者应多读各种各样的应用英语的真实材料。'看'是英语翻译的基础；'译'即参照同类英语材料的写作格式、专门用语及表达方式，把想表达的内容要点译出来；'写'就是译者根据相关文体的格式用目的语把原文书写出来"。"看、译、写"从翻译过程的角度，对应用文体的翻译进行了较为具体的阐释，不失为应用文体翻译的一种方法。

林戊荪教授就应用翻译面临的新形势提出了应用翻译的"专业化、信息化、网络化"的原则，重点指出了应用翻译在经济全球化、信息快速传播和互联网日益普及的今天的发展方向。

为了进一步加强应用翻译的研究，提高应用翻译的理论和实践水平，黄忠廉教授指出："建立应用翻译学可能且可行，已有可观成果，亦可持续研究。本学科的建立可以提升并解释译艺，上可升华为基本理论，下可直接指导实践，奠定译学基础。应用翻译学的分立研究将升华整个译学研究。"他曾呼吁创建应用翻译学。由此可见，加强应用翻译研究具有非常重要的意义。

尽管不同文体会有不同的语言特征，但对译者来说，首要的还是要实现原作的"文本目的"，减少读者的"理解成本"，即要"让不懂原文的读者通过译文知道、了解甚至欣赏原文的思想内容及其文体风格"。而要实现这一目的，就必须追求目标语文本与源语文本之间的意义之相当、语义之相近、文体之相仿、风格之相称。这里的"文体之相仿、风格之相称"是应用文体翻译过程中必须解决的问题。

第四章　跨文化交际视阈下的文化翻译

第一节　英汉委婉语差异与翻译

一、委婉语的特征与应用

何谓委婉语？当人们不愿意说出禁忌的名物或动作，而又不得不指明这种名物或动作时，就用动听的词语来代替，用隐喻来暗示，用曲折的表达来提示。这些好听的、代用的或暗示性的词语，就是委婉语。委婉语具有较好的表达效果，在修辞上也叫作"婉曲"和"避讳"。英语委婉语（euphemism）源自希腊语，词头"eu-"的意思是"good（好）"，词干"-pheme"的意思是"speech（言语）"，整个字面意思是"words of good omen（吉言）"或"good speech（优雅动听的说法）"。因此英汉语对委婉语的定义基本上是一致的。也就是说，人们在交际过程中，根据会话礼貌原则，常用含蓄、温和、文雅、婉转、无刺激性的语言代替生硬、直率、粗俗、恐惧、带刺激性的语言，帮助谈话者克服交际过程中的心理障碍，淡化或排除各种令人不愉快的联想。委婉语可以说是人们交际活动中的一种"润滑剂"，如果没有委婉语，世界的运转会因摩擦而停止，人们会充满仇怨。委婉语是人们交往过程中为谋求理想的交际效果而创造的一种有效的语言形式。

（一）委婉语的语用功能

英汉语中的委婉语涉及社会生活的方方面面，从不同的角度反映了人们认可的行为准则、社会习俗、思维模式、审美情趣、价值观念和道德标准等。从其在交际过程中的作用而言，委婉语的语用功能主要表现在以下几个方面。

1. 避免忌讳

世界上任何一种文化、任何一个社会中都存在着语言禁忌（linguistic taboo），语言禁忌和其他某些在特定场合中不宜使用的词语一样，与委婉语有着必然的联系。人们普遍认为，在某些交际场合中回避禁忌语是衡量交际对象文明修养的尺度，体现社会进步的象征，这是委婉语得以广泛应用的原因所在。只是由于东西方人们的文化观念、生活习俗的不同，所回避禁忌的具体词语有所不同罢了。

在一般禁忌语中，最典型的莫过于对"死亡"现象的禁忌。人的生老病死本是不可抗拒的自然规律，然而东西方各民族都对"死"的说法予以回避禁忌，因为"死亡"是一种不幸、一种灾祸，人们把"死"字隐去，有时是为了怀念死者，有时是为了赞美死者，有时只是为了避免重提这个可怕神秘的字眼。因此出现了大量的委婉语，在英汉语中多达一百余种委婉说法。如：

to go to sleep 长眠

to be no more 没了，不在了

to close one's eyes 闭眼，合眼

to lay down one's life 献身，捐躯

to expire 逝世

to pass away 去世，永别，与世长辞

to end one's day 寿终，谢世

to breathe one's last 咽气，断气

to go west 归西

to pay the debt of nature 了结尘缘

to depart from his life 离开人世，撒手人寰

to go to one's last home 回老家

to rest in peace 安息

中华民族经历了漫长的封建社会，封建等级观念年深日久、根深蒂固，帝王将相之死与黎民百姓之死所使用的婉词也不相同。如帝王之死称"崩殂""驾崩""山陵崩""弃天下"等；诸侯之死称"薨"；大夫之死称"卒"；士之死称"不禄"；将士之死称"阵亡""捐躯""牺牲"等；佛家之死称"圆寂""坐化"；道家之死称"跨鹤西游"；百姓之死称"过世""作古""千古"等；老者死亡称"寿终""谢世"；少年死亡称"夭折"；中年死亡称"早逝"；女子弃世称"玉陨香消"；等等。由此可以看出，从死亡者的社会地位到年龄、职业、性别，生者与死者的关系，生者对死者的态度等无一不体现在死亡的委婉语中。因此在翻译过程中，要注意人与人之间的这种"社会差距"，选择适当的委婉词语。

另外，死者灵柩停放及安息长眠的地方一般常用 mortuary（殡仪馆）、cemetery（公墓、墓地）、graveyard（墓地、坟地）等词来表达。然而有些人却不太愿意用这些字眼，认为这听上去太令人伤感，会使人觉得活着的人似乎太冷漠无情，竟将自己的亲人尸骨弃置于如此寒冷潮湿、阴森恐怖的地方。近年来不少人已开始用 funeral home 和 memorial park 这样的委婉语，home 和 park 等词所含的"温暖亲切""舒适宁静"的情感是不言而喻的，颇能给生者特别是至亲好友以情感的宽慰。

2. 避免粗俗

人们在与朋友、同事、亲属的日常交往中或在比较正式的场合发表演讲、讨论问题的过程中，当涉及有关两性行为、生殖排泄或身体某些隐秘部位时，总是尽量避免使用粗言俗语，而使用含蓄或中性词语构成的委婉语替代，让交际双方不必为此感到窘迫。

在英美和我国，性教育、计划生育的宣传已不是什么新鲜事儿，朋友、同事、邻里和熟人之间谈论这类问题已属正常。在广播、电视的专题节目中，也常由专家、学者作为嘉宾主持这类节目的讨论并回答听众、观众提出的问题。但这并不等于说可以不加选择地使用与 sex 有关的任何词语，除了采用部分医学术语外，通常用 make love，make it，sleep together 这样的委婉语表示 have sexual intercourse，更不会使用人们最忌讳的那些由四个字母组成的粗俗露骨的词语（four-letter words）。

英语中的"pregnant"和汉语中的"怀孕"均与 sex（性）有着必然的联系，因此，人们也往往用委婉的方式来表达这一概念。然而由于社会习俗和语言表达习惯的不同，委婉语采用的形象却有着较大的差别。汉语中表示怀孕的委婉语，如：有喜、怀喜、有了、有身、身重、身怀六甲、梦兰等。以下比较英语中的几个委婉表达法。

to be in a delicate condition（妇女怀孕，的确是处于"碰不起的状态"）to spoil a woman's shape（"破坏了女子的体形"，语义含蓄而富于形象）

a lady-in-waiting（"处于等待中的妇女"，怀孕妇女总是在迫切地等待着小生命的出世）be in a family way（怀孕妇女因体形不雅而"随意打扮、不拘礼节"）

eating for two（怀孕妇女为两人吃饭，吃双份饭）

"to wear the apron high"这一委婉语出自一首小诗："Once I wore my apron low; Now I wear my apron high. Love, oh love, oh careless love! See what love has done to me."（以前我围裙系得低，如今我围裙高高系。唉，爱呀爱，粗心的爱，看爱情给我带来的喜!）

"厕所"和"上厕所"是日常生活中的常用语，在英汉语中也都有多种委婉说法。其中"lavatory"等于"厕所"，是最正规的说法。"latrine"是指成沟形或坑形的"公共厕所"。但人们常用"Ladies'（room）""Men's（Room）""Gents"指称"女厕所""男厕所"；"bathroom"和"toilet"相当于汉语里的"盥洗室"，常用来代替厕所的说法；"WC（Water closet）"是指有抽水马桶的盥洗室，是欧洲人对厕所最普遍的委婉说法。相比较而言，女厕所的表达方式是最委婉的了，如"dressing room"（更衣室）、"powder room"（化妆室）、"lounge"（休息室）、"washroom"（盥洗室）。至于"上厕所"也有多种委婉的说法。在与人交谈时可说："May I please be excused?""May I go to the bathroom please?"或"May I please leave the room?"在朋友家里或单位里可说："May I use the facilities?"或"What is the geography of the house?"在比较随便的朋友或熟人家里，也可用比较幽默的说法："I'm going to do my business."或"I'm going to my private office."翻译时可根据具体场合和不同的交谈对象，选用汉语中相应的委婉词语进行翻译，如：去解手、去方便一下、去办公、请稍等片刻，等等。

3. 表示礼貌和尊敬

委婉语与"敬词"和"谦词"有着密不可分的关系。在交际过程中，交际双方一般都遵守合作礼貌原则，使用一些表示客气、谦恭的委婉语或所谓"软化语气词"，不怕造成"语义冗余现象"，以使交际活动在语气温和、气氛愉悦的环境中进行，这是委婉语重要的语用功能之一。

在汉语中，当交际双方的地位、年龄、声望等相差悬殊时，或平辈、平级的同事、朋友，乃至企业事业单位之间，为了表示谦恭，说话一方通常会使用大量的谦词来称呼自己，而用敬词表示对对方的尊敬，谦词和敬词是汉语委婉语的重要形式。例如，称对方的意见为"高见"，称自己的看法为"愚见"；称别人的著作为"大作"，称自己的著作为"拙作"；称别人的儿子、女儿为"令郎""令爱""千金"等，称自己的儿子、女儿为"犬子""小女"；称别人的妻子为"尊夫人"，称自己的妻子为"内人""贱内"；称别人的家为"府""尊府"，称自己的家为"寒舍"；称自己为"小弟""敝人"，称年长些的同辈为"尊兄""世兄"；在旧时官场上，下级会称自己是"奴才""下官""小人"，称上级为"老爷""大爷"，现通称为"领导"，凡此等等，不一而足，这是中华民族礼仪文化的特色之一。英语中有与 His，Her 或 Your 连用的"Highness，Majesty，Lordship，Ladyship，Excellency，Honour"以及"humble，honourable"等词表示谦恭、尊敬之意，翻译时汉语的谦词和敬词通常可直译为英语的对应词语。

（二）委婉语的语义特征与应用

委婉语通常采用比喻、借代、迂回、缩略或谐音喻指等修辞手法，表达生活中那些使人尴尬、惹人不快、招人厌恶或令人恐惧的事物和行为。善于委婉，发乎于诚而形于言，这是语言美、心灵美、修养高的表现，因此委婉语在语义表达上具有明显的特征。

1. 褒义性特征

众所周知，委婉的目的主要是向人们提及那些不愿或不宜直接提及的事物或行为，言词应当尽量赏心悦目、避俗趋雅、美中好听，利于有声思维，引发美好联想，因此词语的褒义性是委婉语的首要特征。

英美社会中的职业委婉语就是一个十分明显的例证。这些职业委婉语大多通过美化、模仿、拔高的手法使一些"卑微低下"的职业升等级，使其名称悦耳动听、令人羡慕。

engineer（工程师）一般是指受过专门教育或技术训练的技术人员，于是各行各业竞相效仿，给某些职业名称也冠以 engineer 的美称。如：

garbage collector（垃圾清运工）——sanitation engineer（环卫工程师）

plumber（管道工、水暖工）——heating engineer（供暖工程师）

salesman（售货员）——sales engineer（销售工程师、销售师）

mechanic（机修工、修理工）——automobile engineer（汽车工程师）

dry cleaner（干洗工）——dry cleaning engineer（干洗工程师、干洗师）

医生在西方社会历来是最受人尊敬的三大职业之一，physician（医师、医生）是众人仰慕的美称，于是附庸风雅者心驰神往，不少职业名称依法效尤，出现了一大批以"-ician"结尾的职业雅称。如：

undertaker（殡仪员、殡葬工）——mortician（丧葬医师、丧葬师）

hairdresser（女理发师）——beautician（美容师）

shoemaker（鞋匠）——shoetrician（鞋靴专家）

用"高雅"的拉丁语后缀"-or"取代具有"土气"的本族词尾"-er"，从视觉和听觉上拔高某些职称的地位和身价。如：

welder（电焊工）——weldor（电焊师）

foreman（工头、领班）——supervisor（领导）

wild animal trainer（驯兽员）——wild animal trainor（驯兽师）

teacher（教师）——professor（资深教师、教授）

pressman（印刷工）——press operator（新闻工作者）

通过以上一些方法，人们对那些所谓"低人一等"的工作就可能免呼其名，自我介绍时就不会自卑尴尬，谈及他人时也会显得文明有礼，减少了不必要的刺激，从而提高人际交往的效果。

2. 含蓄性特征

在任何一个民族的语言中，都有禁忌语和委婉语，前者为直接指称语，后者为间接指称语，两者异形同指，而语义密切相关。直接指称语明指表述对象，而间接指称语则需通过中介语喻指表述对象，这就规定了委婉语的语义间接性特征，因此含蓄、婉曲的间接性指称表述对象是委婉语的重要特征。

3. 形象性特征

委婉语的间接性来自委婉词语的形象性。委婉词语大多采用比喻、借代等修辞手法来表述事物、行为或状态的本义，委婉词语中喻体的形象决定了词语委婉的程度，语义的显露和隐曲，能产生语言含蓄、生动形象和幽默风趣的修辞效果。

4. 民族性特征

英国民俗学家马林诺夫斯基说过："语言深深植根于社会生活之中，不了解语言的社会文化背景就无法理解这种语言的确切含义。"世界上每一个民族在漫长的演变发展过程中都形成了各具特色的民族文化，在民族文化历史积淀的根基上，形成了各自的生活习俗、思维模式和民族心理。这些文化观念的差异，必然会反映在语言的形式上，委婉语作为一种"文化限定词"，无一例外地打上了民族性特征的印记。

二、英汉委婉语的对比与跨文化翻译

在宏观上，英汉委婉语都通过语音、词汇、修辞、语法和语用方式等手段得以表达，在各个语言层面上有相似之处，又有各具特色的表达形式。

（一）英汉委婉语的差异对比

1. 相同点

（1）从语音角度讲

两种语言都采用避音和谐音的方式达到委婉的目的。避音是指在交际中故意避开某些让人引起不快联想的音。

谐音主要用于替代发音相同或相近的字词以达到委婉的目的。如英语中"cell"（单人牢房）被称为"a flower dell"（鲜花盛开的小山谷）；"piss"（小便）叫作"whiz"（嗖嗖作响）。

（2）从词汇角度讲

两者都运用模糊语和外来词来表达委婉的效果，模糊语的使用能使由禁忌语带来的不愉快变得模糊，或扩大某些词的外延使语义含混不清而达到委婉的效果。如英语指一个女人未婚先孕为"She has an accident"（她出了意外），汉语中用"我出去一下"指代"我上厕所"，都是很含混的表达方式，但都达到了委婉的目的。同时英汉两种语言都分别用指示代词 this，that，it，和"这""那""这个""那个"来模糊指代要委婉表达的事物或语义。

英汉两种语言也都借用外来词形成委婉语。因为一般情况下，人们对外语要比对自己本民族的语言陌生些，使用外来语会给人一种距离感和模糊性。如英语用法语词"brassiere"指代"women's underwear"（胸罩），用拉丁语词"perspire"指代"sweat"（出汗），汉语的外来词通常来自英语，如"WC"被用来指代"厕所"，"bye-bye"用来表示"分手"或"离婚"。

（3）从修辞角度讲

英汉两种语言都采用借代、隐喻、类比、降格陈述法等修辞方式来达到委婉的效果。

借代指借用与某种事物或现象密切相关的字词来代替人们忌讳提及的字词，从而获得委婉的效果。正如英语中用"He is fond of the bottle"来表示"He is fond of wine"，汉语也用"贪杯"来代表"爱喝酒"。

隐喻是根据禁忌事物或现象的特点，将其描绘成具有相同特点又可以接受的事物或现象，以达到委婉的目的。如英语"go to sleep forever"（永远沉睡）代替"die"（死亡）；汉语则用"长眠"指代"死亡"，用"三只手"指代"小偷"。

类比是在两个并列的具有部分相似性和一致性的事物之间进行比较的修辞手段。通常利用这种手段来描述社会地位低微的职业，使许多受人歧视的职业因此变得体面多了。如英语中的清洁工是"sanitation engineer"（卫生工程师），打字员是"secretary"（秘书），屠户成了"meat technologist"（肉类技术专家）；汉语中"自由职业者"代替了"无业人员"，理发店被叫作"发廊"，"理发师"成了"美容师"或"发型设计师"。

降格陈述法是用明抑实扬、言轻意重的含蓄说法来表达令人不快的事物或现象。如英语中"the needy"（需要帮助的人）指"the poor"（穷人），"plain"（相貌平平）指代"ugly"（丑陋），"slow"（慢）指代"stupid"（迟钝）；汉语中"多喝了几杯"其实是指"喝醉了"，说"脑子不太灵光"实指"智力有缺陷"，说某人"气色不好"实际是说"身体有病"。

（4）从语法角度讲

英汉两种语言中都利用否定句、人称代词、省略句和反问句来形成委婉的表达。否定句可以使表达更为含蓄，增强委婉的效果。例如"I don't think you are wise"比"I think you are stupid"更委婉。英语通常在think，believe，expect，feel等词前面加上not形成否定句型。同样，在汉语中通常用"不多"代替"少"，用"不好"代替"差"来达到委婉含蓄的效果。

人称代词的灵活换用在英汉两种语言中都能达到委婉的目的。第一人称复数常代替第二人称单数或复数。例如医生对病人说"How do we feel today"时语气要比说"How do you feel today"更委婉亲切些，汉语中老师对学生说"我们要努力学习"要比对学生说"你们要努力学习"更为婉转。同时，第一人称复数常代替第一人称单数。如一个做报告的人可以用"我们认为"（We think）来更为委婉地表达自己的观点，而汉语还常用第二人称复数代替第二人称单数，如父母告诫自己的孩子"你们涉世还不深，不要轻易相信别人的话"。

省略句是英汉两种语言形成委婉效果很好的方式，即通过省略让人听起来不舒服的话而达到委婉的效果。英语"She is expecting"（她怀孕了）省略了宾语"a baby"，显得更为含蓄一些，"Someone is out"（有人失业了）是"Someone is out of work"的省略形式；同样，汉语中的"她有了"也是"她有身孕了"的省略形式。

（5）从语用角度讲

委婉语主要来自间接言语行为。通过这种间接言语行为构成委婉的方式在英语和汉语中并无二致。如果一个人对另一个人说"Stuffy here in this room"（屋子里真闷！）并不是想告诉他"屋子里闷"这一事实，有可能暗示他"Would you please open the window?"（你能否把窗户打开？）或是"Would you go out for a walk?"（到外面走走好吗？）等。

2. 不同点

（1）从语音角度看

英汉语言都有各具特色的构成委婉的方式。英语运用重音、字母拼写、音节或字母的重复和音节扭曲构成委婉，如"laboratory"的重音原来在第一个音节上，同"lavatory"（厕所）的读音相近，为了避免不愉快的联想，就把重读向后移动一个音节。"He is s-t-u-p-i-d"中"stupid"只被拼出字母而未被读出整个发音，从而达到委婉的意图；"piss"（小便）通过音节和字母的重复用"pee-pee"代替；"Christ"扭曲变异为"Cripes/Crikey"，"damn"变异为"dam"。

汉语中有一些常见的且发音相同的词语。由于历史、社会、文化等因素，人们相互送礼时忌讳送"伞"（即"分离"），"送钟"（即"送终"）；吃梨时不愿"分梨"（即"分离"或"离开"）；不愿意用数字"四"（即"死"）。中国人喜爱数字"八"（即"发财"）和"六"（即"顺"）。汉语常用"发福"来表达"人老了"或"身体发胖"。

（2）从词形来看

英语运用缩略语、逆拼法（自后向前拼写，有时将单词第一个辅音字母移至词尾与元音字母组合构成音节）、截短法（将禁忌词斩头去尾）、首字母异拼法（将禁忌词首字母按发音拼写出来）、首字母组合法（将禁忌词首字母抽出来拼在一起）、合词法（两个或两个以上单词合拼为一个委婉语）等方式形成委婉。

英语是拼音文字，所以英语通过拼写形式的变异，可避开原来的语言符号来达到委婉的目的。而汉语是方块文字，无拼音手段，但可以发挥部首字形的优势来达到委婉的目的。因此汉语通过拆字法获得委婉的表达方式，如味道"自大一点"是指味道"臭"，少不得"言身寸"是说少不得"谢"；同时汉语也用换字法和符号替换法来达到委婉的目的，如"扯蛋"换成"扯淡"；贾平凹在《废都》中所使用的省略号"……"就是用来替代书中删除的有关性描写的片段，以此达到含蓄和避讳的作用。

（3）从词汇角度看

英语中常将一些不雅的事物或现象推到其他国家人的身上，出现了一些有趣的词汇。

汉语则利用反义词构成委婉，独具特色。为了避讳一些禁忌语，中国人用一些反义词取而代之，如"走火"称为"走水"，"火灾"称为"火祥"，"监狱"称为"福堂"或"福舍"等。

（4）从修辞角度看

汉语具有英语所不具有的特色。在做一些消极评论时，汉语常用一些歇后语缓和过于直白的表达，达到委婉的目的，而英语中就没有此现象。例如："给你说了多少次了，你还是外甥打灯笼——照舅（旧）""看来你们都是猪八戒的脊梁——无能之背（辈）！"

（5）从语法角度看

英语可以通过时态和语态构成委婉的表达方式，而汉语则利用虚词表达委婉的语气。英语常用过去时态来表达委婉，因为过去时使事物拉开了与现实的距离，达到了模糊和委婉客气的效果，如用"I wanted to"替代"I want to"，"I wandered"替代"I wander"，语气会更婉转些；现在完成时的使用也可以达到委婉的目的，如"She has been known to have been a pavement princess"要比"She is known to have been a pavement princess"更委婉些；虚拟语气的使用使说话人的口气变得婉转含蓄，不伤人的面子，如"I wish I could go with you"（但愿我能和你一起去）意思是"I can't go with you"（我不能和你同去了），"You should have come earlier"（你应该早点来）意思是"You came rather late"（你来晚了）。

汉语虽没有时态和语态，但汉语中一些意义比较模糊但表达语气较灵活的副词或语气词往往被用来构成委婉的句式，这类词有"恐怕""可能""大概""也许""姑且""吧""呢"等，用在句子中可以形成缓和商量的口气。如"天晚了，我们还是回去吧。""这样处理事情恐怕不好吧？"

（二）委婉语的跨文化翻译

英汉两种语言在谈到诸如分泌、排泄、怀孕、疾病、死亡等生理现象，有关性的身体部位及行为时，都使用委婉语进行替代，以达到文雅和礼貌的目的。这是符合人本身所具有的耻辱感这一基本心理因素和状态的。因为无论是中国人还是西方人，只要是人都有羞耻之心，对自身不洁不雅的生理现象和隐秘的生理反应都有回避的态度，否则在谈话中直接表达会让交谈双方都感到尴尬难堪，或导致不愉快的发生而影响人与人的正常交往。

1. 表达生老、分泌、疾病等方面的委婉语

（1）表示"老"的委婉语

在英美国家人越老越不受重视，因而忌讳说老，常用委婉语"senior citizens"代替"elderly people"，用"advanced in age""elderly"代替"old"。年龄大说"past one's prime""reach one's golden age""feel one's age"等。而汉语则正好相反，尊老爱幼是中华民族的传统美德，常用"您老""他老人家""张老""老王""老朋友"等表示尊敬，无须用委婉语。

（2）表示"方便"的委婉语

英汉语中有些禁忌语是一致的。在公开场合忌讳说大小便，汉语中用"方便一下"，英语中用"go to somewhere""to wash one's hand""to relieve oneself"等委婉语代替。例如：

He is out visiting the necessary.

他出去方便一下。（即他去厕所）Where is the nearest convenience？附近哪儿有可以方便的地方吗？

2. 表示"疾病"的委婉语

美国人常把"cancer"称为"the big"或"terminally ill"，身体不佳说成"under the weather"，"constipation"（便秘）说成"irregularity"，"stroke"（中风）说成"accident"。有些社会性疾病（包括花柳病之类）则可以用"social disease"来概括。例如：

Jane was in a bad way and asked for two days' leave.

简的身体不舒服，请了两天假。

3. 表示"人体缺陷"的委婉语

用"plain"（平平、一般）来代替"ugly"，用"heavy-set""heavy-side""outsize""full-figure"和"stout"代替"fat"（肥胖）。如表示女人长得太瘦用"slender"（苗条的）代替"skinny"，用"physically handicapped"代替"crippled"，用"Down's syndrome"（唐氏综合征）或"a Down's baby"（一个患唐氏综合征的婴儿）代替"mongolism"（先天愚型）或"a Mongol baby"（一个先天愚型的婴儿）。

4. 表示"贫穷"的委婉语

西方世界强调个人奋斗，拥有财富是个人价值的体现、成功的标志，因此人们害怕贫穷，官方也利用各种委婉语进行极力地掩饰。如穷人被称为"the needy""the underprivileged""the disadvantaged"等。而中国传统文化注重仁义而轻名利，崇尚"人穷志不短"，视"金钱如粪土"。这种思想影响了人们对于钱的戏称和对有钱人的不屑，如称钱为"票子""子儿"，称有钱人为"大款""土豪"等，因此贫穷的委婉语很少。

5. 社会和社会事务方面的委婉语

随着社会的发展，许多职业或工作不再叫"jobs"，而称作"professions"，用"administrative assistant"（行政助手）代替"secretary"（秘书），"garbage collector"或"garbage man"（清洁工、垃圾清洁工）被尊称为"sanitary engineer"，"hairdresser"（理发师）被称为"beautician"，"cook"（厨师）被称为"chef"（烹饪大师）。

最能说明问题的是火化场的焚尸工，他们从"undertaker"到"mortician"，又变成了"funeral director"，现在又别出心裁地称为"funeral service practitioner"。另外，"author"比"writer"要动听，"educator"比"teacher"要显得高贵些。英语中的"poor"一词也逐渐被"needy""disadvantaged""under-privileged""deprived""negatively"等代替，这是因为说别人贫穷容易得罪人，说自己贫穷而被人瞧不起。

6. 教育方面的委婉语

美国教育心理学上有一个相当流行的术语，就是"self-fulfilling prophecy"，意思是学生的学习效果随着教师的语言、态度而变化。这就要求教师在评价学生时要用"积极用语"来代替"消极用语"。因此，教师对学生的评价要用委婉语，这样做听起来更温和、体面，而且不伤害学生的自尊心。例如在谈到某个学生的学习成绩差时，教师避免用 poor，bad 等词，而说 "He is working at his own level"。当想说一个学生比较迟钝或笨时，不用 slow 或 stupid 等词，而说 "can do better work with help"（有别人帮助可以学得更好些）。说一个学生较懒惰时，不用 "lazy" 而用 "underachiever"（未能充分发挥潜力的学生）。老师也常常利用委婉的策略来对学生进行批评教育，如：

He has difficulty distinguishing between imaginary and factual information. （He lies.）

He needs help in learning to adhere to rules and standards of fair play. （He cheats.）

He needs help in learning to respect the property rights of others. （He steals.）

这些委婉的说法，既让学生和家长理解其意，又让他们有面子，两全其美，比直接的批评更容易被学生家长接受。

7. 商业、广告等方面的委婉语

商业、广告中的委婉语也很多，例如在当今世界，联合企业规模宏大，商界竭尽全力避免使用 "small"。请看下面的广告：

Sensational New；THERMAL TEAPOT；Family Size；Limited Quantity£1.69。

此处 "Limited Quantity"（数量有限）意即 "small quantity"，推销商为了加快其产品推销，吸引更多的顾客，使用 "limited"（有限的）一词造成数量有限的印象，使出售物显得更宝贵、更值钱，因而更有吸引力。这既提高了产品的身价，又加快了产品的周转速度。

如果说某物 "cheap"，便给人以质量低劣、式样陈旧的感觉，因此 "cheap" 一词已经失去了利用价值。取而代之的是 "economical"（经济实惠的），"budget"（价格低），"low-cost"（花费少的）等。"Pre-owned car" 代替了 "used car"（二手车），电视台以 "message"（公告）代替了 "commercial"（广播、电视里的广告节目）。

第二节 英汉修辞差异与翻译

修辞是文化中的一个重要内容，研究英汉文化必然少不了对英汉修辞差异的研究。英汉两种语言在修辞格上表现出许多共同的特征，但是由于社会、历史、文化等的不同，二者在修辞方面也存在一定的差异，这些差异给翻译造成了不小的困难。本节通过介绍英汉比喻、夸张两种修辞格，来研究英汉修辞差异与等值翻译。

一、比喻差异与等值翻译

（一）英语中的比喻

不把要说的事物平淡直白地说出来，而用另外的与它有相似点的事物来表现的修辞方式，称作比喻（figures of comparison）。在英语中，比喻是一种常见且应用广泛的修辞格。比喻是语言的升华，而且极富诗意，因此无论是在各类文学作品中，还是在日常口语中，比喻的使用都十分普遍。在写作和口语中使用比喻，可以有效增强语言的生动性、形象性、精炼性、鲜明性、具体性和通俗性。

英语中常见的比喻通常分为两类，即明喻（simile）和暗喻（metaphor）。

1. 明喻

英语"simile"一词源于拉丁语"similis"，相当于英语中的介词 Tike"。《英语百科全书》（Encyclopedia of English）给"simile"下的定义为："a direct comparison between two or more unlike things; normally introduced by like or as."

英语中的"simile"与汉语的"明喻"基本相对应，因此一般译为"明喻"或"直喻"。它是对两个不同事物的相似点加以对比，用浅显、具体的事物去说明生疏、深奥的事物，使语言表达生动形象，更好地传神达意。

从结构上看，明喻基本上由 3 个要素构成，即本体（subject or tenor）、喻体（reference or vehicle）和喻词（indicator of resemblance, acknowledging word or simile maker）。本体指被比喻的对象，喻体指用来比喻的对象，比喻词用于本体与喻体之间，具有连接介绍的作用。明喻的基本表达方式是"甲像乙"。在英语中，常用的比喻词有：like, as, seem, as if, as though, as…as, like…to, as…so, similar to, to bear a resemblance to, 等等。例如：

Her happiness vanished like the morning dew.

她的幸福像晨露一样消失了。

I wandered lonely as a cloud.

我像一朵浮云独自漫游。

So as she shows she seems the budding rose, yet sweeter far than is earthly flower…

她犹如含苞欲放的玫瑰，却远比真实的花儿芬芳。

此外，英语明喻的结构中除了上述提到的最常用的比喻词外，还有其他的表达方式，如：用"no…more…than"以及"not any more than"作喻词；"with"介词短语结构；"A is to B what C is to D"结构等。例如：

A student can no more obtain knowledge without studying than a farmer can get harvest without plowing.

学生不学习不能得到知识，犹如农民不耕种不能收获一样。

With the quickness of a cat, he climbed up the tree.

他像猫一样敏捷地爬上了树。

The pen is to a writer what the gun is to a fighter.

作家的笔犹如战士的枪。

2. 暗喻

英语"metaphor"一词来自希腊语"metaphorn"，意为"a transfer of a meaning"。（《韦伯斯特新世界词典》）（Webster's New World Dictionary）将"metaphor"定义为："一种包含隐含比较的修辞手法，其中一个通常主要用于一件事的单词或短语被应用于另一件事。"

英语中的"metaphor"与汉语修辞格中的"隐喻"或"暗喻"基本对应，它不用比喻词，而是直接把喻体当作本体来描述，其比喻的关系隐含在全句中。所以，从某种程度上来讲，暗喻的修辞效果较明喻更加有力、突出。

暗喻的结构大致分为以下 3 种类型。

①喻体直陈式，就是将本体和喻体说成一件事，认定本体就是喻体。这种方式可有效强化语言表达的逻辑能力。例如：

After the long talk, Jim became the sun in her heart.

那次长谈后，吉姆成了她心中的太阳。

College is a comma of a sentence of life.

大学就是人生长句中的一个逗号。

②喻体半隐式，即喻体半隐半现。这一方式中的喻体词一般是由名词转化而来的动词。通过动词对动作或状态的描写，来说明这个名词所具有的喻体的特征。其实这个动词的名词形式就是喻体，例如：

They stormed the speaker with questions.

他们猛烈（地）质问演讲者。

Moonlight flooded the orchard.

月光洒满了果园。

③喻体全隐式，就是表面上喻体并没有出现，但却暗含在句中，用适用于喻体的词语来充当喻体，这种类型的比喻形式更为复杂，内涵也更为丰富。例如：

The one place not to have dictionaries is in a sitting room or at a dining table. Look the thing up the next morning, but not in the middle of the conversation. Otherwise one will bind the conversation, one will not let it flow freely here and there.

有一个地方不应该带字典，那就是客厅里或餐桌上。你可以次日早晨再查，但不要在谈话时去查字典，否则你会把谈话捆住了，使它不能自由舒畅。

上例中将"谈话时查字典"比作"绳子"（a siring），然而"string"并没有直接出现在句子中，而是用描写"string"的词"bind"来代替，充当喻体，达到了形象生动、传神达意的修辞效果。

（二）汉语中的比喻

比喻又称为"譬喻"，俗称"打比方"，就是根据心理联想抓住和利用不同事物的相似点，用另一事物来描绘所要表现的事物。比喻主要用于描写事物、人物、景物以及说理论事。

汉语中，根据比喻事物与本体事物之间的划分，可以将比喻分为3类，即明喻、暗喻和借喻。

1. 明喻

明喻又称"直喻"和"显比"，是指比喻的事物与被比喻的事物同时出现，表明比喻与被比喻之间相类似的关系。它具有爽朗、明快的特征，可以使所描述的事物形象化、具体化、浅显化、通俗化。

明喻的本体与喻体之间常用"像""似""若""比""样""同""如""如同""似的""一样""宛若""仿佛""像……一样"等词语作比喻词。明喻的基本形式是："甲（本体）像（喻词）乙（喻体）。"例如：

我们去！我们去！孩子们一片声地叫着，不待夫人允许就纷纷上马，敏捷得像猴子一样。

（姚雪垠《李自成》）

不错，你有天赋，可是天赋就像深藏在岩石底下的宝石，没有艰苦的发掘、精心的雕琢，它自己是不会发出光彩来的。

（张洁语录）

2. 暗喻

暗喻又称为"隐喻"，是比喻的一种。与明喻相比，暗喻的本体与喻体之间的关系更密切。暗喻可分为两种情况，即带喻词和不带喻词的。例如：

当我在人的密林中分不清南北东西，时间是一个陀螺和一根鞭子。

（罗洛《我和时间》）

骆驼，你沙漠的船，你有生命的山。

（郭沫若《骆驼》）

3. 借喻

借喻就是本体不出现，用喻体直接替代本体的比喻。借喻是比喻的最高形式，借喻可以省去许多直白的文字，令语言精练简洁、结构紧凑。借喻表现的对象可以是人、物、事，也可以是理、情、意。借喻多用于抒情散文、诗歌以及通俗的口语中。例如：

骤雨过，珍珠散落，打遍新荷。

（元好问《骤雨打新荷》）

这个鬼地方，一阴天，我心里就堵上个大疙瘩！

（老舍《龙须沟》）

（三）英汉比喻修辞的等值翻译

1. 明喻的翻译方法

（1）直译法

在符合译入语表达习惯的前提下，明喻大都可采用直译法进行翻译，利用译入语中相应的比喻词来翻译原文中的比喻词，以最大限度地保留原文的特点。例如：

A man can no more fly than a bird can speak.

人不能飞翔，就像鸟不会讲话一样。

Today is fair. Tomorrow may be overcast with clouds. My words are like the stars that never change.

今天天色晴朗，明天又阴云密布。但我说的话却像天空的星辰，永远不变。

Water should be quiet like a mirror so that the small fish and algae couldn't hide themselves and people could appreciate their reflection in it. And how natural it would be!

水应当是安静的！那可以同镜子一样，小鱼同水藻，没有藏躲的机会，人们可以临流鉴形，这是何等自然呵！

（2）意译法

因英汉语言在诸多方面存在差异，故有些明喻也不能采用直译进行翻译，这时需要采用意译法，或者采用直译+意译注释的方法。例如：

Records fell like ripe apple on a windy day.

纪录频频被打破。

The enemy's harbor defense is just like Achilles' heel.

敌军的海港防御就像阿喀琉斯的脚踵一样——是其唯一致命的弱点。

2. 暗喻的翻译方法

（1）直译法

通常情况下，暗喻也可以采用直译法来翻译。例如：

Some books are to be tasted, others to be swallowed, and some few to be chewed and digested.

一些书浅尝即可，另一些书要囫囵吞下，只有少数的书才值得咀嚼和消化。

Baseness is a passport for the base,

Honor an epitaph for the honorable.

卑鄙是卑鄙者的通行证，

高尚是高尚者的墓志铭。

（2）意译法

暗喻也不能一味地进行直译，有时也要根据实际情况采用意译法进行翻译，以使译文更符合译入语的习惯。例如：

Don't show the white feather to the enemy.

不要向敌人示弱。

He was confused when we nailed him down to his promise.

当我们要他遵守诺言时，他狼狈极了。

He is a weathercock.

他是个见风使舵的家伙

二、夸张差异与等值翻译

（一）英语中的夸张

首先来看一些关于夸张（hyperbole）的定义。

亨利·福勒（Henry Watson Fowler）认为："the use of exaggerated terms for the sake not of deception, but of emphasis."（用夸大的言辞强调而不是欺骗。）

霍尔曼（C. Hugh Holman）指出："Hyperbole: A figure of speech in which conscious exaggeration is used without the intent of literal persuasion. It may be used to heighten effect, or it may be used to produce comic effect."（夸张：一种修辞格，不带任何真正劝说意义的有意识的夸大。用于强调某种效果或产生幽默效果。）

《兰登书屋辞典》（修订版）（The Random House College Dictionary（Revised Edition））给出的"hyperbole"的定义为："一种夸张的语句或修辞手法，并非字面意义上的'等待永恒'。"

可见，"hyperbole"是一种修辞方式，用夸大的言辞来增加语言的表现力，突出某种情感和思想，但这种夸大的言辞并不是欺骗；这种修辞手法可以深刻地表现出作者对事物的鲜明态度，给读者留下深刻的印象，同时有助于揭示事物的特征、本质，强烈地表达出作者的思想感情。例如：

We walked along a road in Cumberland and stooped, because the sky hung so low.

我们沿着坎伯兰的一条道路行走，佝偻着身子，因为天幕垂得很低。

It was so hot a noon that the leaves had to gasp for breath.

那天中午，天气热得连树上的叶子也在喘气。

根据不同的分类方法，可以将英语中的"hyperbole"分为不同的类别，如扩大夸张、缩小夸张、超前夸张、直接夸张、间接夸张、可转化类夸张和不可转化类夸张等。

（二）汉语中的夸张

对于夸张的定义，《辞海》给出了这样的解释："修辞格之一，运用丰富的想象，夸大事物的特征，把话说得张皇铺饰，以增强表达效果。"

夸张是一种使用十分广泛的修辞格，不仅常用于文学作品中，日常生活中也被广泛使用。夸张可有效突出事物的本质，增强渲染的力量，还能强烈地表现作者对所要表达的人或事情的感情态度，从而激起读者强烈的共鸣，给人以深刻的印象。例如：

千山鸟飞绝，万径人踪灭。

（柳宗元《江雪》）

太阳刚一出来，地上已经像下了火。

（老舍《骆驼祥子》）

汉语夸张与英语"hyperbole"分类方法基本一致，根据不同的标准，可以分为多种类型，这里不再一一列举。

（三）英汉夸张修辞的等值翻译

1. 直译法

英汉两种语言中夸张使用十分普遍，也存在一些相似之处，因此为了更好地保持原文的艺术特点，可采用直译法进行翻译。例如：

We must work to live, and they give us such mean wages that we die.

我们不得不做工来养活自己，可是他们只给我们那么少的工钱，我们简直活不下去。

If you gave me eighty necklaces and eight hundred rings I would also throw them away. What I want is nothing but dignity.

你就是给我八十条项链和八百个戒指，我也不要，我要的是尊严。

So that our brothers' shoulders

May lift the earth, arouse millions of suns

为了让兄弟们的肩头

担起整个大地，摇醒千万个太阳

2. 意译法

由于英汉夸张的表现手法和表达习惯有着很大的差异，因此不能机械地照搬原文，有时需要采用意译法对原文进行适当的处理，以使译文通顺易懂，符合译入语的表达习惯。例如：

On Sunday I have a thousand and one things to do.

星期天我有许多事情要做。

He ran down the avenue, making a noise like ten horses at a gallop.

他沿街跑下去，喧闹如万马奔腾。

第三节　英汉习语差异与翻译

一、英汉习语比较

（一）习语的概念

习语，顾名思义，就是习惯使用而形成的固定语言形式，是指人们通过对社会现象和生活经验的总结而形成的，经久流传下来的固定表达形式。

在人们长期使用语言的过程中，逐渐将短语或短句提炼出来，形成了习语，它是语言中的核心和精华。习语是一种富于形象色彩的语言手段，有助于增加语言的美感。英语和汉语都是高度发达的语言，在这两种语言中都存在大量的习语。

（二）习语的分类

习语的种类多种多样，主要包括成语、谚语、俗语、粗俗语、俚语等。

1. 成语

成语是人们在长期实践和认识过程中提炼出的语言结晶。成语的结构一般比较固定，不能随意改动，也不能随意增减成语中的成分。

成语对应的英语单词是"idioms"，英语中有很多成语，例如："ins and outs"（事情的底细；露出马脚）；"to lay heads together"（大家一起商议问题）；"the Trojan Horse"（特洛伊木马计）等。

汉语中也有大量的成语。汉语中的成语多出自古代经典或名著、历史故事或经过人们的口头流传下来，意思精辟，语言简练。汉语成语以四字格为主，如小题大做、孤掌难鸣、卧薪尝胆、道听途说、老马识途、雪中送炭等。当然，也有不是四字格的成语，如三个臭皮匠，赛过诸葛亮。

2. 谚语

所谓谚语指的是在群众中流传的固定语句，用简单通俗的话反映出深刻的哲理，一般来说，谚语都会集中说明一定的社会生活经验和做人的道理。

谚语在英汉两种语言中都十分常见。例如：

He who hesitates is lost.

机不可失，时不再来。

Bitter pills may have blessed effects.

良药苦口利于病，忠言逆耳利于行。

East or West, home is best.

金窝银窝，不如自家草窝。

Just as distance tests a horse's strength, time will reveal a person's sincerity.

留得青山在，不怕没柴烧。

Where there is life, there is hope.

路遥知马力，日久见人心。

3. 俗语

俗语往往是通过某种比喻来说明某种道理，比较通俗易懂，经常出现在口语中。

英汉语言中均有一定量的俗语。英语中的俗语（colloquialisms），例如："to show one's cards"（摊牌）；"round-table conference"（圆桌会议）；"with the tail between the legs"（夹着尾巴逃跑）等。汉语中的俗语，如"杀鸡给猴看""脚踩两只船""偷鸡不成蚀把米"等。

4. 俚语

俚语是一种区别于标准语，只在一个地区或者一定范围使用的话语。

英汉语言中都存在一定的方言俚语。例如：

Shut your pie hole（嘴）!

Do you have any caner sticks（香烟）？

在汉语中，也有很多俚语，如北京话中的"开瓢儿"（打破头），"撒丫子"（放开脚步跑）。

此外，汉语中的习语还包括歇后语。歇后语是汉语中所特有的，指的是由两个部分组成的一句话，前一部分像谜面，后一部分像谜底，通常只说前一部分，而本意在后一部分。它的结构比较特殊，一般分前后两截，在前半截用具体浅显的比喻来说明后半截一个较为抽象的道理。例如：

哑巴吃黄连——有苦说不出

猪八戒照镜子——里外不是人

泥菩萨过江——自身难保

狗咬吕洞宾——不识好人心

肉包子打狗——有去无回

二、英汉习语的等值翻译

在翻译习语时，译者既要把原文的语言意义忠实地传达出来，又要把原文的文化内涵准确地表达出来，使读者能获得与原文相同的感受。因此，翻译习语时要求做到两个方面：一是求其易解；二是保存原作的风格。

翻译习语时，主要可采取以下几种翻译方法。

（一）直译法

直译法是指在符合译文语言规范化的基础上，在不引起错误的联想或误解的前提下，保留习语的比喻、形象以及民族色彩的方法。英汉两种民族在感情、在对客观事物的感受及社会经历等方面存在一定的相似之处，因此两种语言有少量相同或近似的习语，这些习语字面意义和形象意义相同或近似，所传达出的文化信息也是基本一致的，这时可采用直译法进行互译。例如：

All roads lead to Rome.

条条大路通罗马。

An eye for an eye, a tooth for a tooth.

以眼还眼，以牙还牙。

Blood is thicker that water.

血浓于水。

Like the autumn wind sweeping away the fallen leaves.

秋风扫落叶。

The monk may run away, but the temple can't run away with him.

跑得了和尚，跑不了庙。

One who does not work hard in youth will grieve in vain in old age.

少壮不努力，老大徒伤悲。

（二）意译法

有些习语由于受文化因素的影响，在翻译时无法保留源语的字面意义和形象意义，如果直译影响理解，就得改用意译。这时，可将原文的形象更换成译入语读者所熟悉的形象，从而传达出原文的语用目的，译出其中隐含的意义。例如：

cost an arm and a leg

非常昂贵

born with a silver spoon

生长在富贵之家

When in Rome，do as the Romans do

入乡随俗

narrow winding trail

羊肠小道

suffer a double loss instead of making a gain

赔了夫人又折兵

make an example of a few to frighten all the rest

杀鸡给猴看

（三）套译法

由于英汉语言、文化背景等都存在很大的差异，在习语翻译时，有时无法保留源语中的比喻形象，需要转换为译语中读者所熟悉的形象。这时采用的就是归化翻译法，也就是用目的语里的同义习语去套译源语中的习语，尽管套译中的形象不同，但其喻义相似，使译文能与原文做到意义上的对等。例如：

Rome is not built in one day.

冰冻三尺，非一日之寒。

Fools rush in where angels fear to tread.

初生牛犊不怕虎。

Beauty is in I he eye of the beholder.

情人眼里出西施。

Talk of the devil and he is sure to appear.

说曹操，曹操到。

The punishment is skillfully given by one side，and gladly accepted by the other.

周瑜打黄盖，一个愿打一个愿挨。

Even the cleverest housewife can't make bread without flour.

巧妇难为无米之炊。

（四）直译意译结合法

有些习语翻译不便于采用上述方法，可以采用直译与意译结合的方法来进行处理，把

121

原文中通过直译可以明确传达其意义的部分直译出来，而不便直译的部分则意译出来，这样既准确传达了原义，又符合译语的表达习惯，易于理解。例如：

Caution is the parent of safety.

谨慎为安全之本。

A little pot is soon hot.

壶小易热，量小易怒。

to wait for windfalls

守株待兔

brave the wind and dew

风餐露宿

第四节　英汉典故差异与翻译

一、英汉典故比较

（一）典故的概念

邓炎昌和刘润清合著的《语言与文化：英汉语言文化对比》中指出："几乎所有的人在说话和写作时都引用历史、传说、文学中的人物或事件。这些人物或事件就是典故。"

《汉英双语·现代汉英词典》给典故下的定义为："诗文中引用的古代故事和有历史出处的词语。"

概括起来，凡在口头语和书面语中引用的古代故事、历史人物、历史事件和有历史出处的词语都属于典故的范畴。

一般而言，典故具有十分丰富的内容和浓厚的民族色彩，它是人们在对世界的认知过程中形成的一种语言形式，与特定的历史文化语境有着十分紧密的关系。不同文化背景下的人们，其思想观念、道德意识、价值取向、思维方式等都可以从典故中反映出来。

（二）英汉典故结构比较

英语中的典故结构一般较为灵活，字数可长可短，长的可以由几个单词或更多单词组成句子，如"One boy is a boy, two boys half a boy; three boys no boy."（一个和尚挑水喝，两个和尚抬水喝，三个和尚没水喝。）；短的只有一个单词，如"Watergate"（水门事件），"Eds"（伊甸园）。此外，英语中的典故往往可以独立成句，如莎士比亚作品中许多源自《圣经》的典故通常都是独立成句的。

汉语中，典故的语言形式往往具有用词简练、结构紧凑的特点，以词组性短语为主，也有少量的对偶性短句。典故演变为成语时，四字结构较多，很少有字数较多或单独成句的情况。此外，汉语中有相当大一部分典故是名词性词组，它们在句子中可以充当一定的句子成分。

（三）英汉典故的民族特色

英汉民族在历史演变、生态环境、风俗习惯等方面存在很大的差别，因此英汉两种语言具有十分鲜明的民族文化特色。典故是民族文化的一个缩影，其民族文化色彩突出地体现在典故喻体的采用和设喻形式上。

英汉两种语言中有些典故的喻义相同或相近，但所采用完全不同的喻体或设喻形式。例如，英语中的"stretch on the Procrustean bed"来源于希腊传说：相传普罗克鲁斯（Procrustes）是雅典一大盗，经常把俘虏绑在一张铁床上，如果身比床长，便斩其脚，如没有床长，便硬将其身子拉长。该成语指的是"强求一致""不合理地要求按照同一标准办事""不合理地迁就现成条件"。与之相对应的汉语成语是"削足适履"，其出自《淮南子·说林训》："骨肉相爱，谗贼闻之，而父子相危。夫所以养而害其所养，譬犹削足适履，杀头而便冠。"这句话的意思是：脚大鞋小，把脚削去一部分以适合鞋的大小。后来用"削足适履"比喻"勉强求合或不合理迁就现成的条件"。英语和汉语中的这两个成语喻义相同，且生动形象，但都具有十分鲜明的民族特色，具有不同的联想意义。

再如，英语中的"paint the lily"与汉语中的"画蛇添足"。在西方人看来，百合花象征着"清白""贞洁"，洁净素雅，高贵美丽。如果再为百合花饰粉抹彩，就破坏了原有的雅致，很显然是多此一举。而在中国文化中，蛇是没有脚的，画蛇添足反而使蛇不能称之为"蛇"。这两个典故虽然来源各异，但其寓意都是"多此一举"，可谓有异曲同工之妙，但同时二者又极富民族特色。

二、英汉典故的等值翻译

英汉典故的翻译应考虑文化这一重要因素，理解典故的历史文化背景和丰富的内涵，注意两种文化之间的差异，使用灵活的翻译方法，充分传达出源语典故中所包含的文化信息。

（一）直译法

对于典故的翻译，采用直译法可以保留原有的形象特征，有利于体现源语典故的民族特色。例如：

Mr. VargasLlosa has asked the government "not to be the Trojan horse that allow the idealism into Peru".

凡格斯·珞萨王请求政府"不要充当把理想主义的思潮引入秘鲁的特洛伊木马"。

译文将"Trojan horse"直译为"特洛伊木马",这是因为读者比较熟悉这一典故。该典故源自古希腊的一则传说:古希腊人攻打特洛伊城时,把精兵伏于木马内,诱使特洛伊人将木马放入城中,夜间伏兵跳出,里应外合,攻下此城。后来常用"特洛伊木马"比喻"内部颠覆者;内部颠覆集团;起内部破坏作用的因素"。

They were only crying crocodile tears at the old man's funeral because nobody had really liked him.

在老头子的葬礼上,他们只不过挤了几滴鳄鱼的眼泪,因为在他生前,没人真正喜欢他。

再如:

城门失火,殃及池鱼。

When the city gate catches fire, the fish in the moat suffer.

(二) 意译法

由于英汉文化的差异,有些典故在翻译时无法保留源语的字面意义和形象意义,不便采用直译,这时需要意译。用意译法翻译,可以将典故的文化内涵传递出来。例如:

Smith often Uncle Tommed his boss.

史密斯常对老板阿谀奉承。

原文中的"Uncle Tom"(汤姆叔叔)是斯托夫人(Harriet Beecher Stowe)的小说《汤姆叔叔的小屋》(Uncle Tom's Cabin)中的主人公,后来,"Uncle Tom"转化为动词,有"逆来顺受""阿谀奉承"之意。因此,这里需要采用意译法进行翻译。

It was another one of those Catch-22 situations, you're damned if you do and you're damned if you don't.

这真是又一个左右为难的尴尬局面,做也倒霉,不做也倒霉。

原文的典故来自美国小说《第22条军规》。该规规定:"飞行员如觉得自己精神不正常可以不执行飞行任务,但必须提出申请并经批准。"显然,这条规则是矛盾的,因此"Catch. 22"喻指"无法摆脱的困境或两难的境地"。如果不知道该典故的来源,是不能理解其寓意的,因此需要意译。例如:

先生大名,如雷贯耳。小弟献丑,这是班门弄斧了。

Your great fame long since reached my ears like thunder. I am ashamed to display my incompetence before a connoisseur like yourself.

再如:

悬梁刺股

be extremely hard-working in one's study

磬竹难书

（of crimes）too many to record

初出茅庐

at the beginning of one's career/young and inexperienced

（三）套译法

有些英汉典故在各自语言中可以找到与之对等的典故、成语或俗语，两者在意义、形象或风格上大致相同或相似，翻译时就可采取套译法，以使译文读者获得与源语典故相同的文化信息。例如：

Among the blind the one-eyed man is king.

山中无老虎，猴子称霸王。

Like father，like son.

有其父必有其子。

There is no smoke without a fire.

无风不起浪。

kill the goose that lays the golden eggs

竭泽而渔

kick down the ladder

过河拆桥

You will cross the bridge when you come to it.

船到桥头自然直。

需要注意的是，典故的互相套用是有条件的，不能随意使用。在翻译时，即使是一组意思相近的汉语和英语成语，也要考虑二者的确切含义和感情色彩等的差异。

第五章 跨文化交际视阈下的翻译教学模式

第一节 英语教学中的文化导入

语言是文化不可分割的一部分，是文化的载体，其丰富的文化内涵和文化负荷传递着无数的文化信息。人类社会中，文化几乎无处不在。"文化"一词的含义很广泛，一般认为它是一个民族在自己的社会历史发展中形成的独特的风格与传统。世界上每一种语言都充满了文化色彩，语言中的文化现象除狭义地指社会意识形态外，还泛指社会历史、自然地理等各方面人类所独有的特征。

在当今高科技迅速发展的信息时代，国家、民族、团体、个人之间的合作和交流日趋频繁。文化差异是导致跨文化交际产生障碍的重要因素。一个国家的哲学、信仰、伦理、心理乃至政治等诸多因素确定了在该国的文化中，社会交往必须遵循其特定的规范，其中包括与之有关的语言规范。对于一个讲母语的人来说，本国这些约定俗成的规范已经成为他们日常生活中极其自然的事情。然而，对于不熟悉这一文化背景的外国人而言，就会形成一个文化障碍，影响交际的顺利进行。语言教学不仅包括语言知识的教学，而且包括文化知识的教学。在英语教学中文化导入是很有必要的，文化导入的方法与途径应贯穿英语教学之中。

一、英语教学中文化导入的必要性

语言不仅是人类交流的工具，同时也是文化的载体。一个国家的语言必然会反映这个国家、这个民族的文化特征和思维方式。它们之间的关系是密不可分的，不了解目的语的文化，就不可能真正理解和运用外语。在全球化的今天，各国之间的交往日益频繁，各种文化之间的碰撞也日益增多。单纯掌握一门外语而不了解其背后深厚的文化底蕴并不能有效地帮助人们跨越文化鸿沟，成功地实现交流。因此，在英语教学中渗透文化教育是非常有必要的。

（一）英语课程教学的基本要求

英语的教学目标是培养学生的英语综合应用能力，增强其自主学习的能力，提高其综合文化素养，以适应我国经济发展和国际交流的需要。然而，不论是作为语言学的基础理论，还是作为指导语言学习的各种教学法，无一例外的都是指向同一目标即语言自身的规则。从索绪尔结构主义语言学的二项分析，到乔姆斯基的转换生成法，从传统的语法翻译法、静默法到直接教学法等，都未给我们指出外语教学实践是为了便于交际。也正是在这样的理论指导下，在传统的英语教学中，我们总是对学生进行一种"纯语言能力"的培养，要求他们在"听、说、读、写、译"等方面造出合乎语法规则的句子、篇章，凭借一种含有投机成分的应试技巧顺利地取得各种等级证书，"强调了对语言表层结构即应试要求语言点的分析，而放弃了对语言深层结构即社会文化背景的讲析"。因此，为了培养学生的交际能力，英语教学必须在进行语言知识教学的同时，进行文化导入，从而避免因文化差异而引起的语用失误。

（二）由语言和文化的关系所决定

文化语言学研究表明，语言中储存了一个民族所有的社会生活经验，反映了该民族的全部特征。学生在习得一种民族语言的同时也是在习得该民族的文化。外语教学的任务是培养在具有不同文化背景的人们之间进行交际的人才。同时，语言和文化紧密相连，不可分割。语言是一种符号，是文化的载体，又是文化的重要组成部分。文化是语言赖以生存的环境，文化在一定程度上也限定并塑造了特定的言语表达方式。总之，语言就好比树木，文化就好比森林，不了解语言生存的环境就好比只见树木不见森林。正如萨丕尔（Sapir）所言，"语言基本上是一种文化和社会的产品，因此它必须从文化和社会的角度去理解"。然而，传统的外语教学更注重语言知识的积累，而忽视语言所处的文化，从而出现了英语语言能力强的人其跨文化语用能力不一定强的现象。美国外语教学专家温斯顿·布瑞姆（Winston Bloom）在谈到只教语言不讲文化的恶果时说："采取只知其语言不懂其文化的教法是培养流利大傻瓜的最好办法。"因此，在英语教学中适当渗透一些文化知识，开展一些文化对比的讨论，有助于学生更深刻地理解语言，增强其对文化差异的敏感性，进而提高其跨文化交际能力。由于语言和文化相互依存和影响，因此，在进行英语教学的同时有必要导入与英语语言有关的文化内容。

（三）由国内外客观形式及学生文化习得现状决定

国内外客观形式及学生文化习得现状也决定了在英语教学中进行文化导入的迫切性。随着全球经济一体化进程的加快，跨国界、跨文化的交流日益增多，造成了对既懂专业又通晓外语并能进行跨文化交际的优秀人才的巨大需求。为了适应社会发展的需要，为了保证国际交流的准确和有效，英语教学也必须在传授语言知识的同时传授文化知识，帮助学生了解英语国家的人文地理、历史传说、风俗习惯、价值取向和社会观念等。通过熟悉有关的文化背景知识，不仅可以激发学生学习英语的兴趣，满足他们语言学习的要求，而且随着文化知识的积累，学生对语言本身的理解也会更加透彻，反过来又会促进他们英语水平的相应提高，真正达到使学生能够运用英语准确、顺利地进行交流的教学目标。而非英语专业培养出来的学生在未来的工作岗位上将会有更多的机会参与跨国界、跨文化的交流。但由于应试教育的影响、文化输入的缺失及母语文化的干扰，目前学生的跨文化习得状况不容乐观。这种供需之间的矛盾也说明在英语教学中进行文化导入是必要而且迫切的。

二、英语教学中文化导入的原则

不同文化在价值取向、生活方式、思维方式、社会规范等方面都存在差异。不同的社会，人们的举手投足、一言一行都恪守各自的风俗习惯，并反映其价值观念。交际过程中，在遵守其行为准则和社会规范的同时，人们都带着与其自身文化相应的社会期望。交往规则或社会语言规则，不仅因文化而异，而且具有无意识性质。这意味着尽管一个人对自己的母语的使用规则能达到炉火纯青的地步，但他们对规则的存在毫无意识，因为他们是毫无意识地习得这些规则的，而且能无意识地用这些规则去判断别人的言语或交际是否正确得体。由于语用迁移，人们在使用第二语言或外语交际时，尽管语言能力很强，但常常会遇到一些障碍，致使双方难以沟通而产生误解，甚至导致意想不到的后果。这种失误表现在语言使用的各个方面，包括言语功能/言语行为的实施（尤其表现在问候、恭维、感谢、抱歉、拒绝等言语行为方面）；篇章组织结构；交际风格；交际策略；交际规则；礼貌规则等方面。为提高学生的语用能力和交际能力，在教学中教师应注意加强文化内容的导入。

（一）主体性原则

新课程标准强调"以学生为主体"的教学原则，这一原则体现在课堂教学中对学习任务的设计，即学生在教师的指导下，通过语言实践来感知和体验，达到实现语言目标的学习，这样就保证了学生主体作用的发挥。因为，只有在语言活动中，学生才自始至终是自觉主动的语言实践者和学习者，而不是传统意义上的被动的知识接受者。学生通过自己的实践和思考活动，可以了解语言知识和能力的获得过程，经历语言学习价值的生成过程，体验成功或失败。由此可见，课堂导入中的学习任务提供了一条有效培养学生情感态度和人文精神的理想途径，学习任务给予了学生体验语言学习意义、培养完美人格的机会，是学生主体性原则的最好体现。

（二）简洁性原则

从系统论的观点看，教学过程是一个系统结构，由导入、呈现、理解、巩固和结尾构成，五者是一个连续的整体，缺一不可。如果只重视课堂导入，而忽视其他环节，再精彩的课堂导入也不能达到整个教学过程预想的结果。所以一堂课开始时就要在尽可能短的时间内激发学生的兴趣，吸引学生的注意力。一旦学生学习的自觉性被调动起来，就要抓住这个教学过程的"黄金时刻"，进入下一个环节，开展正课学习。

导入只是一种准备教学活动，是安定学生的情绪，集中学生注意力，引发学生兴趣，明确学习的目的、任务和要求的过程。其主要功能是集中地让学生为新的学习作好充分的心理准备和知识准备。因此，课堂导入不宜费时过多，通常以 3~5 分钟为宜，应力求做到"简约不简单"。若导入时间过长，就会使课堂起始阶段显得冗长，内容复杂，容易引起学生的厌烦情绪，进而影响整节课的进程。

（三）适用性原则

结合教材内容和跨文化交际本身的需要，传授与文化交际密切相关的适用性文化知识，凡涉及影响语言信息准确传递的文化知识，都应是导入的重点。如果所导入的文化知识与学生能力的提高密切相关，学生的学习兴趣将会大大提高。

（四）实用性原则

文化的内容丰富而又复杂，因此在导入过程中应选取对跨文化交际使用价值大的文化内容。实用性原则要求所导入的文化内容与学生所学的语言内容密切相关，与日常交际所涉及的主要方面密切相关，同时也应考虑到学生今后从事的职业性质等因素。一方面不至于使学生认为语言与文化的关系过于抽象、空洞和捉摸不定；另一方面文化教学紧密结合语言交际实践，可以激发学生学习语言和文化的兴趣，产生良好的循环效应。

（五）差异性原则

学生的学习程度和水平层次存在着差异，这就要求教师在实施课堂导入时要加以充分的关注，让处于不同水平、不同层次的学生都有"用武之地"。例如，对一般水平的学生，要求他们能听懂，按要求去做；对于英语水平较高的学生，则要求他们能用英语来表达思想和开展交流等。同时，对于性格不同的学生，教师在设计不同的课堂活动时，还要考虑到不同性格的学生的需要。对于性格外向、活泼开朗、表现力强的学生可以考虑让他们去表演对话；而对于性格内向、不善言辞的学生，可让他们回答一些自己有把握的问题，以得到教师及同学的肯定，增强学习英语的自信心。这样的教学有助于发展师生之间、学生之间的情感，进而形成一个和谐的学习氛围，激发学生的学习动机。新课程标准把注重学生的情感列为课程目标之一，强调认知与情感的协调发展，体现"以人为本"的教育思想。

"导"与"教"一样无定法，切忌生搬硬套。对于不同的教材和教学内容，也应采用不同的课堂导入方式；即使同一教材、同一教学内容，课堂导入对不同的班级也要有不同的导入设计，使用不同的导入方法。这需要我们根据所教班级的具体特点，进行具体分析而定。对于同一个班级来讲，课堂导入的方法也要经常变换，这样才有利于保持学生的新鲜感。

一堂好课必须有一个良好的导入作为前奏。课堂开始时的组织教学在于集中学生的注意力，引起学生的兴趣，那么新课的导入方法就更为重要。针对不同类型的课题，教师可以用不同的导入语言和导入方法。根据课题的类型、学生的实际情况或者教学的实际条件，教师可以选择不同的导入方式，如讲故事、提问、播放视频、表演、猜谜语、集体讨论、演讲等不同的方式，甚至可以用游戏或竞赛等方法，尽可能让每堂课都有新鲜感，让学生始终对英语学习充满兴趣和热情。

（六）阶段性原则

阶段性原则就是要求文化内容的导入应遵循循序渐进的原则，根据学生的语言水平、接受和领悟能力，确定文化教学的内容，由浅入深、由简单到复杂、由现象到本质。具体地说，初、中级阶段应着重交际文化的导入，因为它直接影响交际过程中信息的传递，属于表层文化；高级阶段则应重点导入知识文化，虽然知识文化在交际过程中不直接影响信息的准确传递，但它属于深层文化，是交际文化的"根"。在实施阶段性原则的同时，教师还必须注意文化内容本身的内部层次性和一致性，不至于使教学内容过于零碎。

（七）目的性原则

导入一定要有较强的目的性，让学生明确将要学什么、怎么学、为什么要学。教学的目的不同，侧重点则不同，各环节的时间分配和组织处理也应有所区别。教师在导入新课时常直接或间接地让学生预先明确学习目的，从而激发起内在动机，使其有意识地控制和调节自己的学习。不论使用哪种导入方式，都应当有明确的目的。为达此目的，用于导入的故事、图片、游戏、歌曲以及所采用的语言材料都要与课堂教学内容密切相关。否则，导入形式再新颖，也不会有好的效果。

有些教师在设计课堂导入时偏离了教学重点，只是为了"导入"而导入，这使得课程一开始就目标不明确，因而无法吸引学生的注意力，有时甚至会误导学生。

教师是游戏活动的指挥者和领导者，设计游戏时要考虑周全，事先评估实施时可能出现的问题，不能生搬硬套。教师还要权衡游戏的作用，只有在明确教学目的的前提下合理使用游戏，才能真正发挥其导入作用。

（八）母语文化与目的语文化兼容并举的原则

在跨文化交际中，人们关注更多的是母语文化对语言交际活动形成的负迁移影响，却往往忽略母语文化同样可以发挥正迁移作用。作为与目的语文化进行对比的工具，母语文化能更深刻地揭示目的语文化的一些主要特征，从而加深对民族文化本质特征的了解。有学者在研究中发现，跨文化交际的文化制约并不是来自对目的语文化的不了解，而是来自对目的语文化和母语文化之间差异的不了解。因此，外语教育中的文化教学既要关注目的语文化的导入，也有必要更好地学习和掌握本族语文化的精华，二者应兼容并举，对两种文化进行对比研究是消除语用失误和文化失误的重要途径。

（九）文化教学坚持中西文化并重的原则

目前英语教学中存在的问题之一是一味强调目标语文化的传授，而对中国文化及其表达方式的传授没有给予足够的重视。一些英语学习者由于长期学习英美文化，对英语国家文化的认同超过对自己国家文化的认同，削弱了对母语文化的了解，在一定程度上变成了西方文化的"语言工具"。所以，在英语教学中，教师应结合中西文化的关联性，适时、适量增加中国文化元素，加深学生对中西文化的差异性认识。同时，在教材编写方面，注重中西方文化并举，适当增加母语文化知识比例，让学生在接触英语文化的同时也有母语文化输入的机会，这对学生了解目的语文化、认识母语文化具有直接的助推作用。

三、英语教学中文化导入的方法

交际文化的传授应该从日常生活的各个方面入手，教师主要向学生讲述英汉常用语在语言形式和风俗礼仪方面的差异。文化导入应侧重知识文化，以提高学生的文化意识和文化修养为主，了解西方人的价值观以及他们的思维方式等。教学中文化导入的方法有以下几种。

（一）直观导入法

心理学认为，人们直接感受事物比通过载体、媒介来感受要来得轻松、生动、深刻。课堂上使用真实的物品、生动的画面或仿真的场景，会使学生有置身其中的感觉，使他们闻其声、见其形、临其境、感其情，沉浸于交际性课堂的氛围之中。

1. 图片导入

图片与实物一样，也是一种非常直观和生动的教学辅助材料，适当巧妙地利用图片往往能收到语言表达难以实现的效果。对于无法引进实物而又距离学生生活较远的内容，图片就可以大显身手了。利用图片导入课堂教学活动通常有以下几种形式。

首先，利用教材中已有的插图导入新课。现在教材一般都配有与课文学习内容紧密联系的插图。为了提示教材的相关内容，在图片中往往附有对图片的描述，让学生对学习内容有一定的了解，再结合图片和教师的提示就能加深对学习内容的理解，有利于激发学生的学习兴趣，提高其参与的积极性。

其次，利用网络搜集图片进行导入。教师通过网络搜集的图片相比课文中的插图更具有新鲜感，但是需要用幻灯片才能达到效果。

另外，对于年龄较小的学生，教师还可以用卡片或者挂图进行导入。比如学习水果名称时，教师可以拿一些卡片展示给学生，让学生说出卡片中水果对应的英语单词，从而让学生认识这些单词。卡片比起实物来说，操作更方便且能重复利用。

根据心理学研究成果，一个人经过一段时间的聚精会神后，注意力的危机就会到来，尤其是年龄比较小的学生，注意力集中的时间较短。而恰当地运用图片有助于学生注意力的转移，从而延缓注意力分散危机的到来。

2. 简笔画导入

在课堂教学中，实物、图画有着特殊的信息沟通作用，但当这两种条件都无法达到时，教师就可用简笔画作为课堂教学的辅助手段开展教学活动。简笔画在现代语言教学中是一种既简便又经济的直观教学辅助手段。应用简笔画进行英语教学，能够迅速地给学生创设生动有趣的英语学习情景，引导学生直接进入英语思维环境，增强他们的形象思维能力，激发他们听说英语的积极性，使课堂气氛变得活跃。

3. 多媒体视听说导入

多媒体集图像与声音于一体，能吸引学生的注意力，增强学习的感官刺激，并能激发学生的学习动机，同时又能加大教学密度、优化教学效果。运用多媒体手段导入新课，采用视听结合的方式，使学生在心理上和知识上做好学习的准备。

传统的教学模式往往以教师为中心，教师仅利用讲解和板书作为教学的手段和方法向学生传授知识，学生则被动地接受教师传授的知识。现代教育主张"以学生为主体"，教师在整个教学过程中起组织者、指导者、帮助者和促进者的作用。教师需利用情景、协作、会话等学习环境要素充分发挥学生的主动性、积极性和创新能力，最终达到使学生有效地实现对当前所学知识进行意义建构的目的。在这种模式中，媒体不是帮助教师传授知识的手段、方法，而是用来创设情境、进行协作学习和会话交流，即作为学生主动学习、协作式探索的认知工具。

视频导入能弥补其他直观导入法的缺陷，集声音、音乐、图片、动画等优点于一身，能快速有效地吸引学生注意力。但是播放时间不能太长，教师应把学生的注意力适时地引导到学习内容上面，否则，不但不能收到预期的效果，反而会分散学生的注意力。

（二）测试法

通过测试学生所学语言的文化知识背景和外语交际能力，找出中国学生在英语学习过程中易犯的文化错误，从而有针对性地导入文化知识，这也不失为文化导入的一个行之有效的方法。

（三）典故引入法

典故是人们在说话和写作时所引用的历史、传记、文学中的人物或事件。运用典故不仅可以润饰语言，使之丰富多彩、生动清晰，而且能使人们更易于沟通思想。大多数人在说话和写作时都引用历史、传说、文学中的人物或事件，这些人物或事件就是典故。基于某些词语的背景，将这些词语与英语中的其他词语组合而成固定的短语，这些短语表达与相关背景相关的语义。在教学中若遇到此类典故，教师应给以仔细讲解。这样，不但能提高学生的学习兴趣，而且能增强他们的阅读能力。

（四）课后补充法

英语课堂教学毕竟有限，尤其是英语，要充分利用第二课堂辅助进行文化教学，组织学生观看英文原版录像、电影。录像和电影提供的语境多，可观察姿态、表情、动作等辅助语言手段；鼓励学生大量阅读与文化现象有关的书籍、报纸和杂志，留心积累有关文化背景方面的知识；还可主动与外籍教师和留学生接触交谈；举办专题讲座；开设"英语角"；收听 VOA 和 BBC 英语广播等。这样就可逐渐深入了解所学语言国家的历史、地理、文学、教育、艺术、哲学、政治、科技、风俗习惯等各方面的知识。

（五）课内外活动法

为了更有效地、更有针对性地在英语教学中进行文化导入，教师除了采用上述的文化导入方法外，还可设计各种各样的课内外活动，并尽量使活动融知识性和趣味性于一体，寓教于乐，以激发学习者的热情。这项活动可使学生复习所学过的词汇知识，发挥丰富的想象力，有机地把语言学习和文化学习在英语教学中结合起来。

成功的英语教学应是语言与文化相结合的产物，孤立的语言教学不能保障交际的顺利进行。在英语教学中，教师不仅要讲解语言知识，训练语言能力，还要注重文化导入，把文化导入的各种方法和途径融合于教学实践中，加强学生文化意识的培养。正如语言学家拉多（Lado）在《语言教学：科学的方法》中指出："我们不掌握文化背景就不能教好语言。语言是文化的一部分，因此，不懂得文化的模式和标准，就不可能真正学到语言。"

（六）文化习俗对比法

对比法是跨文化语言教学中的一个极为重要的手段。中西文化差异经常成为困扰学生学习英语的阻碍因素，因而将文化教学渗透到英语教学的各个方面就显得至关重要。"有比较才有鉴别"，只有通过对比才可能发现学生的母语和目的语语言结构与文化之间的异同，从而产生一种跨文化交流的文化敏感性。礼仪、风俗习惯的中西差异是我们在英语课堂教学中不可或缺的内容。

（七）词汇文化内涵介入法

词汇的文化内涵一般指其感情色彩、风格意义和比喻意义等。由于文化背景不同导致社会观念不同，对同一事物会有不同认识，如不加注意，以母语文化模式去套用，就会引起误解。因此教师凡是遇到在英汉语言里具有不同文化内涵的词汇，就应不失时机地提醒学生。

四、英语教学中文化导入的措施

（一）英语教师提高英语国家文化素养的措施

在英语教学中要有效地培养和提高学生的交际能力，首先要弥补英语教师英语文化知识的不足。英语教师继续教育是很好的补缺机会。在继续教育中，要加强文化背景知识的教学，使英语教师深入细致地了解英语国家的历史、文化、传统、风俗习惯、生活方式甚至生活细节，从而提高英语教师的英语国家文化素养，进而为改善英语教学创造条件。

1. 更新教育观念，树立良好的文化意识

英语教师必须认识到英语教学不是被动地吸收英语知识，而应该把英语教学当成一种文化教育，旨在帮助学生树立正确的文化意识观念。英语作为国际通用语言，教师必须更新自身教育观念，以正确和发展的眼光看待中西方文化差异，培养尊重不同文化的态度和自身的文化交际意识，努力强化自身的文化素养。只有先从思想的高度认识到作为英语教师自身文化素养的重要性，才会努力把英语教学当成文化教育来展开课堂教学。英语继续教育是面向全体英语教师的成人教育，英语教师之间的年龄、学历、职称等方面还存在着很大差异，因此，我们应对不同层次的英语教师实施不同的教学内容。对那些英语文化知识几乎是空白的教师要比较系统地介绍英语国家，尤其是英美的历史、地理、传统、风俗等；对那些曾接受过英语文化教育的教师，要更新教学内容，着重介绍新的语言文化现象。

2. 结合教材内容，有针对性地提高文化素养

读懂英美文化课本不是一件轻松的事情，英语国家有很多，随着对外交往的扩大，对英语国家文化的学习不能仅仅局限于英国和美国。一般的英语国家文化课本已经包含主要英语国家，如英国、美国、新西兰、澳大利亚、加拿大的社会与文化。这就需要教师建立起多维文化视域，用批判性的眼光对待异国文化，适当吸收，可以在教学过程中结合教材对比本土文化和英语国家文化，丰富英语国家的背景文化知识，使自身在文化学习中提高文化素养。教师通过结合教材内容，转变英汉思维，了解差异，树立真正的跨文化意识，有效提高自身文化素养，做一名符合教育发展趋势的英语教师，不断往专业化方向发展。

总之，只有吃透教材，形成系统化的社会与文化知识体系，才能在实际应用中胸有成竹、有的放矢，才能有效完成教学任务。

3. 以英美文化课为依托，深化对英美文化的理解

英语教师最系统的文化训练应来自在校期间英美文化学习的课堂。目标语的学习者运用自己的思维形式，用原汁原味的英语叙述自己的本土文化，读懂原著的英语文化是非常具有挑战性而且是非常有意义的。一方面可以综合提升英语语言词汇能力；另一方面又能了解英语国家文化。所以，英语教师应重视英美文化的课程学习，同时要夯实自己理解文化的知识基础，要大量查阅有关英语国家的人文书籍、地理书籍、社会制度的书籍，以课文为依托不断扩充和深化自己的社会与文化知识，不仅要读懂字面的文化知识，更要读懂文化形成的深刻原因。

4. 加强继续教育，扩大对外交流，提升自身文化素养

只有不断加强学习，才能不断提升自我。因此，英语教师可以通过多种途径，加强继续教育，提升自身文化素养。教师应该深入了解英语国家的人文风情、地理面貌、传统节日等内容。此外，英语教师可以利用互联网进行继续教育，多观看英语电影和外国综艺性节目，从观看过程中感受英语国家的文化，使自身视野不断开阔，进而提升文化素养。最后，英语教师继续教育工作也要适应时代的要求，加强对外的交流与合作，做到"请进来，送出去"。我们应请进英语国家的专家学者直接参与英语继续教育工作和英语教学，增加英语国家的专家学者与我国英语教师进行座谈交流的机会。要经常选派英语教师出国培训，直接了解英语国家，切身感受英语文化。这有利于英语教师认识比较汉英语言、文化的差异，进而有效培养和提高其文化素养。

我国著名的语言学家季羡林曾经说过："世界上万事万物无不随时变化，语言何独不然！一个外语学者，即使已经十分纯熟地掌握了一门外语，倘若不随时追踪这门外语的变化，有朝一日，他必然会发现自己已经落伍。"继续教育中"英语文化"课程的教学要随时把语言现象的最新变化介绍给教师们，因为语言的变化反映了社会文化的变化。

（二）学生提高英语国家文化素养的措施

1. 利用英语课堂传授文化知识

英语教师应当充分利用课堂教学使学生明白英语学习不仅是词汇、语法的学习，更是文化的学习。学生只有懂得欣赏英语国家的文化，才有兴趣学习英语。教师可以在每堂课正式上课之前抽出几分钟时间向学生介绍一些英语国家的文化，也可以让学生自己在课后收集文化方面的材料到课堂上以演讲的方式进行介绍，以培养他们的自主学习能力。此外，教师可利用教材适时导入与教材相关的文化背景知识，这能在很大程度上激起学生的学习热情。

2. 举办中西方文化交流活动

教师可以指导学生组织举办各种学习英语国家文化的活动，如英语演讲比赛、英语知识竞赛、英语国家文化知识讲座、英语辩论赛等。通过学生自身的参与来更加深入地了解英语国家文化和中国传统文化的差异，从而最大可能地减少实际运用英语进行交际过程中遭遇的"文化冲突"。

此外，在条件允许的情况下，我们可以"走出去"，身临其境地了解英语国家的文化。总之，文化是在发展中不断变化的，我们也得用发展的眼光去了解英语国家的文化。

总之，我国目前英语教学中的文化导入还做得不是很理想，还需要广大的教育者充分利用各种资源、充分利用各种机会不断地提高自身和学生们的跨文化知识和能力。在课堂教学中的文化导入，教师也不应只停留在讲解对学生理解语言有帮助的"文化碎片"上，还需要挖掘其深层的价值观念或历史渊源，从而帮助学生从整体和概括的高度对目标语文化有所把握，并形成正确的价值判断。最后，跨文化交际不是单行道，而是至少两种文化之间的交流与碰撞，当代学生也应该通过对两种文化的对比学习更加了解，甚至能够宣传中国的基本国情和灿烂文化。

第二节　外语课堂教学中心转换模式

我国外语教学法长期以来，基本上采用语法翻译法，其主要目的是培养学生的阅读和翻译能力，其手段是首先让学生熟记语法规则和例句，然后通过演绎的方法和翻译练习巩固语法概念。此后，我国外语教学界先后引进了视听法、听说法、交际法、阅读法、情景法、认知法、情感法、理解法等。各种外语教学方法之间是承前启后、取长补短、相互促进的关系。因此，我们从众多的外语教学方法发展过程中可以感受到其内在的发展规律。

一、外语课堂教学中心转换模式的提出

近几年，在我国外语教学界，针对外语教学模式进行了有意义的探索和尝试，取得了一定成果。除了传统的以教师为中心的教学模式有所突破以外，还出现了以交际为导向、以学生为中心、以学习认知为目的的教学模式。但是，我们在进行外语教学模式改革的同时，应注意这样一个问题：在任何一个教学模式中，其参与者都为教师和学生，因此，在教学过程中，教学中心应该因教学内容、教学任务、教学方法、学习策略的不同，存在一个在教师和学生之间不断转换的过程。以下将从教学模式的层次性、教学模式的可变性、教学模式的效率性这三个方面针对外语教学中心转换模式进行论述。

（一）教学模式层次性要求外语课堂教学中心转换

现代外语教学有三个不同层次的模式。

①宏观模式（或语言教学模式、英语教学过程模式）。

②中观模式（大纲设计层次模式）。

③微观模式（课堂教学模式）。

在不同层次的教学模式中，教师和学生所处的地位是不同的。任何一个外语课堂都是这三个层次的具体体现。

（二）教学模式可变性要求外语课堂教学中心转换

第一，教学阶段可变。在不同的教学阶段应该采取不同的教学方法。每一级教学要求不同，教学设计必然有所侧重。因此，在具体设计课堂模式时，随着学生水平的提高，应力求体现方法和形式上的变化。第二语言对于学习者来说是一门外语，没有母语那种得天独厚的语言环境。进行外语教学，教材是信息输入的主渠道。但给学生输入什么样的信息，按什么顺序输入，起关键作用的仍然是教师。然而，仅输入教材的内容是有限的，教师应根据教学需要，有目的地选择、过滤与教学直接和间接相关的信息，经过加工整理输入（不是灌输）给学生，以培养学生的学习兴趣，扩大学生的信息量和知识面。因此，在课堂的语言输入过程中，教师应该是教学的主体，是语言信息的发出者，学生是信息的接收者。

第二，教学认知主体的变化。学生和教师是教学活动的认知主体，而教材和其他的现代化教学设备是教学认知活动的媒介。由于在不同院校，学生和教师的情况也不相同，即使同一院校在不同时期，学生和教师也是不同的。例如，学生在年龄、教育背景、外语基础、学习动机、目的、期望、语言技能的强弱、学习策略等方面存在很大的差异。同时，任课教师本人的专业基础、语言水平、教学经验、语言技能的强项、教学方法的偏好、对教学效果的期望等，也是截然不同的。此外，不同的教材和同一个教材在不同的使用时期，教学设计也不是一成不变的。随着教师理论水平的提高、教学经验的积累，他们会逐渐认识到原有设计的不足，并重新设计教案，课堂教学质量也随之进一步提高。因此，我们在实际教学过程中，教学中心不是固定地以学生或以教师为中心，而是在教师和学生之间不断进行着转换。

第三，教学中应急性可变。在课堂实践过程中，经常会出现一些意外情况，课堂设计不可能对此作出预先考虑。这就需要教师发挥应变能力，临时对课堂内容和授课计划作出相应的调整；并且在课堂教学过程中，针对某一个知识点临场更换教学内容的情况更是普遍存在。

第四，其他教学因素的可变。教学班级的规模大小、课堂学时的多少、教学条件和设备优劣、外语专业和非外语专业的不同要求等，都会引起外语课堂教学模式的改变。

（三）教学模式效率性要求外语课堂教学中心转换

知识经济时代要求我们在教学过程中，不仅要重视外语教学的方法和内容，更要注意教学效率。树立教学效率观念、提高外语教学效率是外语教学成败的关键。提高外语教学成效的关键是依据语言规律和语言学习规律，确立一条符合人的认知规律的外语学习路子。在此基础上，建立科学的教学目的，创设有效的教学模式，进行外语教学和教学效果的科学分析，这样才能提高外语教学的效率。外语教学是教师和学生互动的活动，在整个外语教学的活动中，固定把教师或学生作为中心进行课堂教学活动，都不能提高外语教学的效率。

二、外语课堂教学中心转换模式的原则

外语课堂教学中心转换教学模式的理论基础、基本原则和教学过程是以语言学、心理学、教育学、社会学等为依据。我们知道，语言学习过程是一般要经历语言输入（从音、形、义以及语言的文化背景）、语言内化和语言运用等三个语言信息加工、存储、提取的阶段。因此，外语课堂教学中心转换模式应服从以下三个原则。

第一，语言知识与语言能力并重，两不偏颇。

一方面必须依据学生需求和实际的外语基础和水平来选择语言材料以及安排教学任务；另一方面，教师要转变观念，明确自己在课堂中的地位和作用。根据语言获得的规律，在听、说、读、写、译五项语言基本技能之间，有一个语言机制转变的过程，必须在足够的语言材料的"输入"之后，才能逐步转化为说、写、译的能力。所以，教师应该成为语言输入的重要桥梁。一方面教师要对语言材料进行详细的讲解；另一方面教师要不断地提出启发性问题，使学生在学习语言的过程中不断提高学生对语言规律的认识。教师应是学生语言学习过程中语言内化的催化剂，要根据不同学生的外语基础、学习目的、学习方法等因素，设计出多种多样的教学活动，以满足不同层次的需要。教师应是语言输入的组织者，要让每个学生都积极参与到教学活动中来，充分地调动和发挥学生的积极性和学习潜力。培养和训练学生的学习能力，而不是单纯的语言知识点的学习，目的在于引导学生综合运用各种语言的知识积极参加相关的语言实践活动，逐步发展学生实际运用语言的能力。

第二，在语言内化过程中，必须形成教师和学生的双向交流、互动教学。

在以往的教学中，教师为外语课堂教学活动的中心，课堂基本上是教师的"独角戏"。诚然，"讲解"的作用与必要性是不可否认的。过多的讲解只能改变学生的内在语言信息的存储量，却无法最大限度地激发学生的积极思维和培养学生用语言进行分析、思索和归纳以及发现语言内在规律的能力，即无法实现语言思维和语言技能的内化。外语课堂教学

中心转换模式是在教师和学生之间进行一种动态的平衡运动，使学生投入到语言学习活动中去，激发他们的学习兴趣。

第三，充分利用课堂时间，提高外语学习效率。

在外语课堂教学活动中，教师一方面要引导学生从宏观上对语言材料进行理解和分析，另一方面，针对结构复杂、内容费解的句子及语言点，教师应进行详细讲解，不能因为强调听、说而统统一带而过，这样学生会难以消化这些知识点，造成似懂非懂的状态。总之，在外语课堂教学中，语言知识要精选、讲透。只有精选，才能为语言的输入提供准确而翔实的材料；只有通过反复操练和必要的讲解，才能完成学生的语言知识的内化，才能保证学生对新知识点的获得、巩固和转化。同时，语言操练环节应坚持省时、参与面宽、讲究实效的原则。

外语课堂教学中心转换模式科学地将学习语言的自然规律与我国外语教学实践相结合，并且本着力求时效、博采众长的原则。在教学中，既让学生打下了坚实的语言基础，又增强了学生的语言使用能力，使教和学在整个教学活动中进行了动态的平衡和有机的结合。

第三节　信息技术支持下的翻译教学模式

一、信息技术与翻译教学模式

随着计算机技术的迅猛发展，多媒体技术和网络技术在外语教学中得到了广泛的应用。尤其是近几十年，各种多媒体外语教学课件和软件不断地被推出来，许多外语教师将多媒体教学课件运用到课堂中来，多媒体计算机辅助外语教学逐渐成为一种新的外语教学模式。

近几年，在翻译教学方面存在一些不尽如人意的地方，用多媒体计算机进行英语教学可以弥补以上的不足。计算机辅助外语教学改变了传统的"课堂"概念，不论是计算机房，还是学生宿舍，甚至家中都可以成为课堂的一部分。课堂不再是教学唯一的地方，而是教学的一个有机组成部分，英语教学也不再是完全的集体行为，而成为个体独立的行为。计算机辅助外语教学既保持了传统特色，又可以发挥软件便于管理、升级方便的特点，使外语教学能够随社会和现实的变化发展，从而更能接近社会实际，更为全面地提高学生运用语言的能力。计算机辅助外语教学还改变了"教师"的概念。不仅在课堂上授课的是教师，一台电脑、一个软件都可以成为英语学习者的教师，外语教师可以在网上随时为您解决外语疑难问题。计算机辅助外语教学软件还可以取代教师工作中纯粹的机械性的劳动，使教师更为有效地进行面对面的教学活动，从而做到因材施教，使教学过程更富有成效。

（一） 多媒体语言教学将改变翻译教学模式

信息技术的飞速发展，正在不断使外语的教学内容、教学手段、教学方法和教学考核等方面发生根本性的变化。多媒体语言教学将改变传统的教学理念和教学方法。在传统的英语教学当中，教师是课堂的主导者，学生被动地听讲，知识的传授是单方面的灌输。这样的教学模式下培养的学生缺乏学习主动性、创造性和实践能力，实际应用语言的能力提高很慢，跟不上时代迅速发展的步伐。多媒体语言教学从根本上改变了传统的英语教学模式，它标志着一整套全新的教学思路和方式，打破了传统的以教师和课堂为主体的"固定"教学思维模式，将教学变成了一个动态过程，突破了时空局限，将会给传统的英语语言教学带来巨大的变化。

传统的课堂教学以教为主，学生只是被动地听讲，机械地做笔记。多媒体课堂教学追求教与学的合作化，引导思维，激发感情，并赋予学生学习的主动性，变学生的"被动听讲"为"主动学习"，由"要我学"转变为"我要学"。传统教学的班级授课方式使学生缺乏与教师之间、与同学之间的交流与协作；多媒体网络式教学则提供了师生之间交流、学生之间协作的机会和条件。基于多媒体教学的众多优势，我们可以考虑在不改变原有文字教材的基础上，结合使用多媒体课件和多媒体网络。

（二） 多媒体技术丰富了翻译教学技术手段

多媒体教学课件和软件已成为翻译教学的各种技术手段中最新、最有效的辅助教学手段，将多媒体引入翻译教学课堂也已成为近年来教育界关注的一个热点问题。就外语教学媒体而言，多媒体技术有助于提高教学效果，尤其是模拟现实和提供语言应用的环境将使外语教学事半功倍。多媒体外语教学使用了媒体信息、音频信息、视频信息、远程数字信息等，提供了用于外语教学的全部媒体。外语语言教学需要记录和重播声音，需要提供实景的播放，需要语言、文字、情景同步提供给学习者，需要语音的矫正、领读，需要语法检查、拼写校对等功能。新一代计算机外语教学软件基本上可以提供以上的所有功能。通过计算机网络还可以实现外语远程教学。

（三） 多媒体与外语教学相结合的具体方法

1. 教师要选择适合学生需要的多媒体课件和软件，以作为对课堂学习的有益补充

当代学生思想活跃，愿意接受新生事物，乐于紧跟时代的节拍，而课堂教学提供的教材容量有限、内容滞后，教学内容往往因跟不上时代的步伐而显得落伍。传统教材使学生很难涉猎全面广泛的知识，很难获得国内外各学科领域的最新信息，进而难以适应社会、经济和未来的发展。如果选择恰当的多媒体作为外语教学的辅助手段，可以充分发挥多媒

体集声、文、图、像于一体的优势，可以大大调动学生的积极性，以发挥学生的主动性和创造性，展示学生的才能和潜力。

2. 多媒体技术和传统文字教材在课堂教学中的并行使用

在传统的文字教材中，教学内容主要是描述性的文字和补充说明性的图形和图表；文字符号是静止的；效果主要是在视觉上的；教学内容的线性结构和顺序都是以教为主的，阅读时顺序性很强，学生只能在教师的指导下获得正确的事实、概念及其层次逻辑关系。因此，传统的文字教材不够生动，学习起来自由度不大、灵活性不强，而且难以促使学生已有的知识结构向新知识结构进行有效迁移。现代的多媒体软件中，教学内容可以用文本、图形、图表、图像、动画等多种媒体相结合的方式，有利于学生激活原有的知识，通过推测、判断、联想来轻松地获得新知识。多媒体教材中统一性和灵活性的完美结合为学生提供了一种动态的、开放的认知形式，有利于学生主动参与、自主学习。

3. 多媒体课件使学生在课下单独来完成诸如语法、听力、口语操练等内容成为现实

我们应该正确评估多媒体技术在外语教学中的作用。多媒体并不是解决当前所有外语教学问题的秘方，它只能使好的教学更上一层楼。如果使用不当，则会降低教学质量。在外语教学改革中，教学方法的改进和课程的改革应该放在首位，其次才应考虑多媒体技术与英语教学的结合。在外语课堂上，我们即使不使用多媒体，仍可通过在课堂上增加互动性内容的方式来激发学生的学习兴趣，给学生提供更多实际运用语言的机会。在课堂教学中，要以学为主，以教为辅。我们对多媒体教学不要期望过高，多媒体技术只是辅助教学的手段，多媒体教学不是要替代课堂教学，而是丰富了教学的手段。总之，多媒体语言教学符合外语教学发展的规律，多媒体计算机外语教学可以满足公共外语个别化教学、自助式学习的要求，符合现代化教学思想，使外语学习不再成为负担。

二、"英语语料库"辅助利用下英语教学优化

（一）英语语料库在教学中应用的意义

语料库具有很明显特色，一是动态性，语料库的补充是一个持续的过程；二是流通性，语料又多了一种新的"流通度"属性，这是一种具有量化的属性值的属性。所以语料库在英语教学中的应用对英语教学质量的提高以及学生学习英语的帮助都有很重要的意义。

1. 切实提高英语教学质量

传统英语教学以老师讲课、学生听课为主，形成了学生被动学习的习惯，造成学生学习效率和学习兴趣低下，此外还会影响英语教学课堂的氛围，使英语教学课堂氛围单调乏

味。如果能够很好地将英语语料库应用到英语教学课堂中，强调老师的辅助作用，让学生成为课堂的主体、成为课堂的知识输出者，加强学生学习的积累，能切实提高课堂教学效率，提高学生的成绩，让学生在学习上树立信心。在课堂教学中应用语料库，可以充分提高学生对英语知识储备量，拓展学生英语知识范畴，强化老师的辅助意识和示范引导作用。在语料库的实际应用中，老师应该从实际教学情况出发，深入研究语料库的应用途径，提前掌握语料库的应用技巧后，再进一步传授给学生，保证学生对语料库的正确应用。语料库在实际教学实践中有积极的作用，对老师来说，可以提高老师的专业知识范畴、优化英语教学课堂结构，提高教学质量；对学生来说，激发了学生学习英语的兴趣，提高了学习英语的主动性和积极性，所以在英语课堂教学中应用语料库是非常有必要的。

2. 提高学生学习主动性

学生长期受到应试教学旧思想观念影响，在教学过程中往往会不自觉地将老师当作课堂的主体，以老师为课堂教学的主体，学生常处于"填鸭式被动灌输"中，这样的教育方式，枯燥乏味的学习方法，例如：题海战术、死记硬背、生搬硬套等学习方法，往往让学生感到痛苦。不利于老师教学任务的完成，也不利于学生对知识点的理解和学习思维的锻炼，常常导致课堂教学质量低下，只有少部分学生才能对知识点充分理解记忆以至全部吸收。需要我们重视的是，学生只有充分理解所学的知识并能够在实际生活中运用才是掌握知识的最好表现。随着教学的不断改革，教学英语模式的不断发展完善，旧的教育方式正在不断被社会淘汰。语料库应用在英语课堂教学中，可以调动自主学习的能力，突出学生的课堂主体地位，满足学生个性化学习要求。

（二）语料库在英语词汇教学中的应用措施

英语语料库的辅助作用下，为英语词汇教学提供新路径，能丰富词汇教学参考资料，在提高英语教学质量方面有重要意义。英语词汇教学旨在加深学生对词汇拼写及应用的理解，而在语料库中，可针对某一特定词汇进行英语知识的扩散性设计，不仅能为学生提供相关知识，还可营造对应语境，从而发挥英语语料库在词汇教学中的辅助作用。实际教学过程中，教师应关注学生词汇掌握程度，合理使用语料库来加强教学效果。下面将具体分析英语语料库在英语词汇教学中应用措施的选择和落实。

首先，可采用动画视频直观地展现教学内容，改变学生对英语词汇教学过于单调的看法，促使学生对词汇含义有深入认识，并且通过动画视频的应用，提高课堂教学趣味性，是提高英语教学质量的重要措施。英语词汇教学方法和教学模式的选择要注重教学目标的引导作用，保证学生对英语词汇以深入了解为主，通过创设教学情境，能保证学生对词汇实际应用有明确认知。在语料库辅助作用下，可为教学视频的制作提供丰富的参考资料，真正将动画视频教学形式落实到英语教学中。例如，通常选用一些英语电影片段节选、英语新闻短片等视频类型，使得学生在英语语言情境中取得较好学习效果。将教学内容和语言模态结合起来，有利于强化英语词汇教学效果。词汇是英语句子中的基本组成部分，结合语句进行词汇的学习，并结合视频和动画等要素，能突出词汇在语言环境下的真实性和感染力，从而加深学生对英语词汇的印象。同时营造相应的语言环境，可为学生提供足够的思考空间，培养学生自主思考能力。

其次，借助声音音乐模态，在多种要素配合使用下，加深学生对词汇的印象，在课堂实践中通过欣赏英语歌曲，达到丰富英语词汇学习路径的目的。学生在欣赏歌曲时，要对其中的词汇进行特殊标注，进一步通过联想加深学生记忆。英语语料库能为上述教学活动的开展提供基础条件，在音乐和词汇学有效结合的基础上，将词汇生动地呈现给学生，培养学生英语学习兴趣，是英语教学目标主要实现途径。

最后，采取 PPT 演示的英语词汇教学方式，同样能起到加强英语词汇教学效果的作用。英语教学目标的实现需要鼓励学生积极参与到教学实践中，通过调动学生听觉和视觉，保证学生专注于词汇的学习，进一步推动教学进程。总的来说，英语词汇是进行英语学习的重要基础，实际教学中要考虑到学生感到词汇学习枯燥的问题，针对这一问题，注重英语语料库的使用，可为多样化教学形式的实施奠定基础，进而增强词汇课堂教学趣味性。语料库中包括大量教学资料，可做到将词汇知识通过视频、图片等多种要素呈现出来，进而保证学生对英语词汇知识有全面的认识，吸引学生融入英语教学情境中，有利于词汇教学高效开展。

（三）语料库在英语翻译教学中的应用措施

除了英语词汇教学外，英语语料库在英语翻译教学中也有较好应用，为了充分发挥英语翻译教学中语料库的应用价值，主要采取以下措施：首先，可通过合理布置课外任务促进英语翻译教学改革。英语翻译教学是英语教学中的重要组成部分，但是当前一些学校还存在翻译教学课时较少的现象，这就导致翻译教学开展效果低下，只依靠有限的课堂时间进行翻译教学，势必会延缓教学进度。因此，为了适应教学改革趋势，应通过布置课外任务，使得学生英语翻译学习是一个连续性的过程，从而完善学生自身的知识体系。例如，学生可自行组建学习小组，在教师布置任务的引导下，有方向地进行自主学习。并且要保证各个小组中有计算机操作水平较高的学生，以便充分利用语料库，在学习资源有效共享的情况下，提高学生自学质量，为之后英语翻译课堂教学实践的高效开展奠定基础。另外，学生还可根据自身感兴趣的内容，选择适当的学习资料并进行总结，利用小组合作学习模式，能促使各个小组成员在沟通交流下对英语知识有系统认识，是应用价值较高的一种学习模式。而英语语料库的运用，为上述教学模式的有效实施提供保障，能为学生自主学习提供足够的学习资料，从而保证学生英语翻译能力的不断提高。

其次，还应从课时科学安排这方面着手，适当增加英语翻译教学课时，以便使得学生认识到英语翻译教学重要性。以某一学校的英语教学为例，该校的翻译实践和理论教学课时分别为每周6个课时，教师在进行英语教学时，引导学生建立小型语料库，根据网络上的英语翻译资料达到教材知识内容的延伸，在自建语料库的过程中，势必会提高学生翻译能力。在这个基础上，可引导学生利用语料库自行完成课后任务，培养学生学习能动性。同时在教师指导下，为学生自建语料库提供有效建议，为学生提供学习价值较高的学习资源和语料库网上网址等，能促使学生对英语翻译教学内容有较好的理解。

最后，为了保证语料库在英语翻译教学中有良好应用，还需要注重教学内容的合理设置。其中词汇方面要从学生掌握词汇翻译以及词组搭配这一角度出发，结合具体语境解释词汇含义。因此，在教学内容设置上，要营造相应的语言环境，根据上下文进行字词翻译。如 "good" 这一单词，通常被翻译成 "好"，但是在一些特定语境中不能只单纯地将词汇含义翻译出来，如在 "It was a boy with good manners" 语句中，结合汉语表达习惯和整个句子语境来翻译，这时应将 "good" 翻译为 "得体的"，从而得到正确的翻译结果。学生可通过搜索语料库，对每个单词可能存在的语言环境进行总结，有利于学生翻译能力的提高。部分教师会鼓励学生自建语料库，这时可进行语料库中出现次数较多词汇的统计分析，结合学生学习需求，构建出词频表，为翻译教学方向进行指导。对于翻译教学来讲，重点在于对语境的把握，能将词汇落实到实际语境中，保证翻译准确性。因此，教师在设置教学内容时，要针对某一词汇营造不同语境，引导学生加深知识印象。同时可在教学课堂中为学生保留一定自主思考空间，使得学生能利用英语语料库提高自身翻译能力。

（四）语料库在英语阅读教学中的应用措施

语料库是对大量语言信息的归纳和总结，为学习者提供资料仓库。当前英语阅读教学实践中已经广泛使用语料库技术手段，旨在优化课堂结构、丰富教学内容，是促进英语阅读教学高效开展的有效措施。需要加大对语料库在实际教学中应用策略的分析，确保英语教学起到培养学生多种能力的作用。英语阅读教学实践过程中可锻炼学生语言理解能力，英语新闻、文学作品等都可作为阅读训练材料，通过增加学生阅读量，实现学生阅读能力的提升。因此，实际利用语料库进行英语阅读教学时，要不断更新语料库，指导学生语料库资料搜索方法，以便保证学生能自觉利用语料库，可在阅读训练中不断开展加强学生阅读能力。语料库和英语阅读教学的结合是提高教学水平的重要途径，能够突出学生主体地位，促使学生在阅读训练时有足够的阅读资料，使得学生在阅读实践中加深知识掌握。

另外，为了保证英语语料库在英语阅读教学中的有效应用，教师应尽可能选用多媒体课件进行教学实践。阅读教学过程中，需要基于学生实际需求合理设计教学内容，从而激发学生英语学习兴趣。例如，教师可加强多媒体课件的使用，结合教材内容制作多种要素互相配合的课件，引起学生情感共鸣，对英语教学实质有更好体会。多媒体教学是重要的教学模式，可将这一教学模式和语料库结合起来，将语料库中的内容通过多样化形式呈现出来，这就能保证学生英语阅读能力得到全面发展，同样是语料库在英语教学中取得良好应用的重要途径。语料库中学习资料大多烦琐，无法保证学生快速找到需要的参考资料，这时需要教师收集和整合相关的学习资料，并将其通过多媒体课件集中起来，使得学生明确学习重点，有利于提高学生学习效率。

具体来说，英语阅读教学在培养学生理解能力、语言运用能力等方面有重要意义，有必要将语料库运用到英语阅读教学中，能为英语课堂教学的开展提供新的思路，并能保证教学模式有效落实到教学实践中。为了加强语料库运用效果，结合英语阅读教学需求制作相应的多媒体课件，能突破传统教学模式的限制，尤其是在计算机技术普遍使用情况下，使得语料库技术在教学实践中的应用优势更加凸显，在学生自主学习、课前准备和课堂讨论等环节中发挥作用，为教学实践顺利开展提供参考资料，是当前应用效果较好的一种教学手段。

（五）语料库在英语写作教学中的应用措施

语料库在英语写作教学中有重要作用，能为学生词汇学习和句法应用提供充足的学习资料，逐步提升学生英语写作能力。为了发挥英语语料库应用价值，需要注重语料库建设，结合教学实际和学生学习需求完善语料库，并且要做好后期维护。大部分学校会建立小型语料库，并随着英语教学实践活动的开展，逐步丰富语料库的知识内容，以便为后续的教学提供有利条件。除了语料库建设外，做到软硬件配套设施的合理设置，及时更新教学设备，是英语写作教学顺利开展的保障。在网络技术快速发展的背景下，网上可免费下载的学习资源较多，这就为语料库在英语教学中的有效利用提供保障。对于教师而言，要在传授学生应用词汇和句型结构等知识的同时，注重对学生写作技巧的指导，为了加大对学生英语素养的培育，要在教材内容基础上进行知识延伸，从而保证学生写作水平的提高。

句法应用是英语写作时需要重点注意的问题，需要注意到英语句法和中文存在明显差别，要在英语写作教学过程中，促使学生对一些句法的使用有明确认识。在语料库中搜索参考资料，可得到大量句法机构类似的句子，并且为学生提供句子使用语境，将句法应用在实例中，能确保学生加深对句子用法的掌握。实践表明，将语料库应用到英语写作教学中，对学生写作时态、语态应用错误问题有明显改善，并且语料库中包含多种句型，促使学生在写作过程中句型使用能力有所增强，进一步提高学生写作水平。在具体学习某一句法结构时，可通过语料库将多样化句型呈现给学生，之后要求学生总结已经掌握的知识内容，并通过写作训练，促使学生能灵活运用英语句型。语料库在英语写作训练上的重要应用价值体现在其能为学生提供大量真实语料，逐步加强学生表达能力。例如，通过利用英语语料库，可总结出把字句的多种译法，如可利用英语使动词来表达这个结构，使用

make/get/have 等搭配，还可使用动词+宾语+介词短语的句式结构，需要结合写作实际情况选择适当的句型结构。因此，要想提高英语写作教学质量，应引导学生充分利用语料库掌握更多的写作句型结构，帮助学生养成良好的学习习惯，以便保证英语写作教学育人功能的实现。

第六章 跨文化交际视阈下的计算机辅助翻译

第一节 计算机辅助翻译理论

一、计算机辅助翻译下译者主体性的显现

计算机辅助翻译虽然为译者提供了便利，但是越来越多的问题也逐渐突显出来。相对于人工翻译来说，计算机辅助翻译速度快、效率高。计算机辅助翻译软件无法脱离译者自动完成翻译任务，虽然其强大的记忆库能提高译者在一些重复性工作上的效率，译者仍然是整个翻译活动的主体。

（一）计算机辅助翻译下的新翻译模式

近年来，计算机辅助翻译帮助译者节省了大量时间，提高了译作质量，因此有很好的发展前景。计算机辅助翻译的工作原理是借助平行文本比对获得参考译文，而译者有权决定是否使用参考译文或者是否需要对参考译文进行改动。计算机辅助翻译还在发展，尚不能完全脱离译者自动翻译，译者仍需要对译文的质量进行把关。译者如果不想被时代和技术淘汰，就一定要学习和掌握计算机辅助翻译技术，进一步提高翻译质量。随着社会的进步，译者不仅需要掌握翻译技能，还要熟练掌握一些计算机方面的知识。

1. 计算机辅助翻译与机器翻译

计算机辅助翻译简称机辅翻译，这是不同于机器翻译的一种技术。计算机辅助翻译是利用计算机强大的记忆能力和数据运用能力而研发出来的一种翻译模式，比机器翻译更先进，翻译结果也更加精准。有些人会认为计算机辅助翻译和机器翻译是同一种翻译模式的不同称谓，但实际上两者有很大差异。计算机辅助翻译的基础是包含大量翻译语料的记忆库，译者可以利用记忆库实现重复内容的快速翻译；而机器翻译是借助在线翻译工具进行翻译，译者如果想利用机器翻译得到高质量的译文，还需要进行译前编辑和译后编辑。综上来看，计算机辅助翻译和机器翻译无论是从资源还是方法上都是不同的。

2. 计算机辅助翻译的优点

计算机辅助翻译弥补了传统人工翻译效率不高的问题，同时也弥补了机器翻译质量不佳的问题。目前，计算机辅助翻译的主流软件是 TRADOS，包含翻译记忆库、项目管理、术语管理、质量保证等功能，为译文质量提供了很大的保障。然而，计算机辅助翻译也有其不足之处，比如记忆库里的语料数量有限，有些记忆库的语料质量也有待提高。由此，计算机辅助翻译只是译者提高翻译速度的一个帮手，译者不能简单地将计算机辅助翻译的结果当作译文。计算机辅助翻译总体来说对翻译行业的发展是具有促进作用的，但是目前不可能取代人工翻译。译者可以利用计算机辅助翻译的优势来提高翻译速度，降低翻译难度。

（二）译者在当今时代翻译行业中的主体作用

译者是翻译过程中的重要一环，目前还没有完全不依赖译者完成翻译任务的案例。译者作为翻译活动中最活跃的因素，与原文作者、原文本、译本、目的语读者有着非常复杂的关系。译者在目前的翻译行业中仍然有不可取代的地位。

1. 译者主体性

译者主体性是指作为翻译主体的译者在尊重原作的前提下，为实现翻译目的而在翻译活动中表现出来的主观能动性。在传统翻译活动中，译者常常被认为是"戴着镣铐在跳舞"，但是随着时代的发展和读者需求的变化，译者已经不仅仅是跨文化"搬运工"，在更多情况下，译者需要发挥主观能动性，对翻译文本进行恰当且合理的修改，使译文适应目的语环境，符合读者需求。译者受成长环境和文化背景的影响，会译出不同风格的译文，而且一些译者在尊重原文本的前提下通过再加工创造能够给予原作崭新的面貌。正是因为译者积极地发挥主观能动性，不同的译本才会具有不同的特点，这也是译者主体性的体现。在译者发挥主观能动性的过程中，语言障碍得以突破，文化可以更进一步沟通和交流。译者通过发挥主观能动性，充分发掘原作的美，达到理想的翻译效果。

2. 译者的多重角色

翻译是以人为中心的活动，译者在翻译的不同环节起着不同的作用，扮演着不同的角色。译者角色研究对于更好地完成翻译任务有重要意义。

（1）掌控者

译者在翻译过程中起着控制全过程的作用。首先，译者要决定是否接受翻译任务。其次，译者通过分类决定哪些文本需要借助机器翻译，哪些需要手动翻译。确定好之后，译者借助计算机辅助翻译完成翻译工作。最后，译者产出译文。

计算机辅助翻译实际上是一项翻译记忆技术，在译者翻译的过程中，计算机根据所写的程序进行数据存储，同时为译文提供以前储存的数据，以做参考。计算机辅助翻译记忆库扩大了译者可参考资料的范围，但这些数据的储存与使用都是在译者的掌控之下进行的。

（2）审校者

翻译实践过程中比较重要的一步是审校工作。译者需要对初步完成的翻译文本进行审校，从而达到提高翻译质量的目的。译者在审校过程中对翻译文本进行修改和调整。当然，不是所有的译者都是合格的审校人员，通常来说，经验丰富、水平较高的译者能更好地完成译文的错误修改及润色工作。

（3）创造者

翻译是利用一种语言表达另一种语言信息的过程，译者在该过程中根据实际进行再创造，以达到使译文更易被读者接受的目的。此外，译者还可以根据翻译目的，比如是传递文化还是贴近读者，选取不同的翻译方法。这些创造性工作是计算机辅助翻译工具无法独立完成的。创造不是译者的凭空想象，而是译者结合文本和跨文化交际的需要进行的再加工。

（三）译者主体性在计算机辅助翻译中的显现

翻译强调译者的主体性。随着时代的发展以及社会的进步，"译者即将被机器取代""未来的翻译时代是借助技术翻译的时代"等观点涌现。实际上，在技术的帮助下，翻译的速度越来越快，译文的质量也越来越高，但是译者很难完全被机器所取代，译者的主体性是通过不同的形式呈现出来的。

1. 翻译项目的类别

一名专业的译者会遇到各种各样的翻译任务。面对如此纷繁复杂的翻译任务，译者如何在相对短的时间内高效完成是一个挑战。译者首先要对任务进行规划，然后有条不紊地完成任务。

（1）科技类文本

译者如果收到科技类文本翻译任务，首先需要判定一下所要翻译的文本属于科技类文本的哪一个具体类别。科技类文本是一个广义的概念，还可以分为科普类、人文科技类、生物科技类等。译者需要根据不同的类别决定使用哪些翻译技巧以及是否需要借助计算机辅助翻译，必要时译者需要参考机器翻译产出的译文。在这一过程中，译者作为整个翻译活动的掌控者，需要决定使用哪些工具以及译法。译者是翻译活动的中心，其地位无法替代。

例如，译者接到了一个翻译科普类文章的任务，其受众是儿童，那么译者就需要明白最后呈现的译文应是适合儿童的，专业术语不能太多，翻译的主要目的是为小朋友科普一些知识。对于计算机辅助翻译提供的专业术语参考译法，译者可以发挥自身的主体性，以更简单的表述方式将这些专业术语的意思表达出来，从而让受众群体更好地理解与接受。

（2）文学类文本

文学类文本翻译没有十分固定的翻译模式与标准。目前，计算机辅助翻译技术在文学类文本翻译中的短板较为明显。文学作品的文学性很高，译者要积极发挥自己的主观能动性理解原文意思，然后尽可能将原文作者想要表达的深层意蕴与思想在译文中再现出来。译文也需要体现一定的文学性，不能仅是将原文的意思传达出来。译文如果仅仅是将原文意思传达出来，忽略了文学性，那么作品的艺术魅力就大打折扣。以我国诺贝尔文学奖获得者莫言的作品为例，如果没有优秀的译者和高质量的翻译工作，那么他的作品也就无法让外国读者广泛接受，更不要说获诺贝尔文学奖了。

2. 术语库的管理

计算机辅助翻译技术依靠术语库确保译者快速完成翻译。对于一些专业性较强的翻译文本，译者就更需要借助计算机辅助翻译来节省查找资料的时间，如果术语库中没有相关的术语，译者就需要进一步填充术语库，以备后用。以常见的计算机辅助翻译系统 TRA-DOS 为例，译者可以在主界面上看到翻译任务的进度，同时在翻译的过程中可以随时在术语库中寻找术语。一些比较新的术语可能没有被收录到术语库中，译者就需要自己查找相关资料来补充术语库。

术语库能够减少专业术语翻译的难度，提高译文质量。计算机辅助翻译的术语库不仅能帮助译者进行翻译，而且也能方便审校人员快速比对翻译中的术语使用得是否合理恰当，确保译文中术语的准确性和一致性。译者在利用计算机辅助翻译技术的过程中应该将术语库管理工作贯穿始终，这也是确保译文质量的重要一环。译者要注意术语库的更新和管理，以提升翻译的效率和质量。

随着时代的发展，术语库这一概念也有了一些改变。术语严格意义上来说是各类学科的专业用语。目前，我国提倡坚定文化自信，弘扬传统文化，那么译者在这一过程中就要发挥重要作用。在文化输出的过程中，一些具有中国特色的术语也随之形成，比如"一带一路""中国之治"等，同时还有一些具有传统文化底蕴的词汇也逐渐成为国际上公认的术语。在这一过程中，译者要发挥主体性，建立相关的术语库，不断提高文化外宣翻译效率与质量。随着时代发展而涌现出来的一些词汇进入大众视野，译者在推广和传播这些词汇的过程中，就会构建起文化交流的桥梁。

3. 译文风格的控制

在计算机辅助翻译技术还不成熟的时候，译者很难进行合作翻译，不同译者有不同的风格。译文风格受译者的性别、年龄、教育背景、翻译经验等因素的影响。原文本的内容、目的语读者与翻译目的也会对译者的语言风格造成影响。随着计算机辅助翻译技术的发展，越来越多的译者借助这一技术辅助自己的翻译，于是可能会出现翻译作品风格的同质化现象。基于此，译者必须要有一个清晰的定位，即在翻译过程中一定要注重自己的翻译风格，不要丢失自己的翻译特色。当然，在控制自己译文风格的同时，译者还需要充分参照原文的风格，不能抛弃原文风格进行乱译。计算机辅助翻译技术为译者提供了大量可供对比参考的语料，但是译者需要有一定的判断力和筛选能力，不应该一味地照搬类似的语料，不要"成为机器的奴隶"。同时，在国家大力提倡中国文化"走出去"的趋势下，译者应该充分发挥自身的主体性来推动文化向外传播。

在这个越来越智能的时代，译者的主体性不仅仅体现在狭义的翻译过程中，还应该包括前期的工具选择等方面。目前，市面上有各式各样的计算机辅助翻译软件，译者如何选择适合自己的工具相当重要。对于软件提供的参考语料，译者需要进行审校与修改，从而高效优质地完成翻译任务。

综上所述，本文探讨了在计算机辅助翻译的背景下译者如何发挥自身的主体性。译者需要通过进一步学习翻译技术，最大程度地适应市场的需求。计算机辅助翻译是一门应用型技术，目前仍然处于发展阶段，面临着翻译文体有限、译文质量不高等问题。若想产出质量较高的译文，译者需要在计算机辅助翻译的基础上积极发挥主体性。只有这样，译者才能够借助计算机辅助翻译软件来实现文化的交流互鉴。

二、大数据背景下计算机辅助翻译模式的创新与发展分析

计算机信息技术的出现为我国翻译模式的转变与发展，提供了新的支持与条件。能够切实提升传统翻译的质量与效率。而在大数据背景下，计算机翻译模式又将获得创新式发展，使计算机翻译模式拥有现代化、信息化的基本特征和特点。然而要想将大数据技术融入计算机辅助翻译中，就需要明确大数据的基本内涵，探究计算机辅助翻译的现状及其存在的问题。唯有如此，才能利用大数据计算创新和发展计算机辅助翻译模式，推动我国翻译事业的健康发展。

翻译主要指将特定的语言模态、形式转变为其他文化背景的语言形式。推动不同国家、民族及地区的人们进行文化、经济及政治层面上的交流。而传统的翻译模式主要指口译、笔译等借助人脑进行翻译的活动。而计算机辅助翻译能够通过机器翻译的方式，提高翻译的效率和质量，使人工翻译的准确率与精准性得到有效的提升。而在大数据技术快速发展的背景下，计算机辅助翻译模式得到了优化和提升，能够更好地推动翻译事业的健康发展，使翻译事业呈现出信息化、现代化及数字化的发展特征和特点。

（一）大数据技术的基本内涵

大数据主要指难以在特定时间或场域利用常规工具进行"处理""管理""抓取"的数据集合。拥有"真实性""低价值密度""多样性""高速性"及"海量性"的特征及

特点。而大数据技术是结合大数据基本特征及特点，对其进行"分析""管理""存储""获取"的技术类型，可以在有限时间类分析海量数据所隐含的基本内涵及特征，挖掘数据信息内部的商业价值与数据价值，使互联网数据在特定平台中得到有效的"归纳""处理"及"分析"。具体包括"感知技术""存储技术""处理技术"及"云计算技术"等技术类型。在大数据技术的应用过程中，现代企业可以利用大数据技术获取用户的行为特征、消费需求及心理动态，使市场营销更具针对性。而在政府领域，大数据技术能够帮助相关政府部门通过样本挖掘、信息分析等方式，探究不同政策及方针的社会影响力，提升政策实施的有效性。而在翻译领域大数据技术可以结合特定语境及词汇的数据特征、应用情况，优化并提升计算机辅助翻译的质量，使计算机辅助翻译的准确性得到切实地提升。

（二）计算机辅助翻译模式的发展现状

计算机辅助翻译主要指通过计算机硬件、软件设备将语言文字进行处理、转变的过程。在实际的应用过程中，翻译者需要将原始语言完整地输入到计算机软件中，并获得目标语种。然而由于人类语言拥有较为复杂的特征及特点，致使计算机翻译依旧存在翻译错误、不准确等问题，需要利用现代信息技术对其进行优化与升级。而在辅助翻译的过程中，计算机辅助翻译模式具体包括"机器翻译""翻译记忆"及"人工校对"等内容。可以根据特定语料库所提供的文本资源，帮助翻译者更好地开展翻译活动。譬如 SDL 辅助翻译软件拥有术语库和句料库两大数据记忆库。可以在人工智能或神经网络的支持下筛选出优质的、合适的语料文本。使数据库与翻译文本得到更好的匹配及融合。通常来讲，翻译者需要在翻译前期设定相应的筛选条件，并根据匹配反馈机制进行句式搜索。假如翻译者所检索出来的词汇、短语、句子与源语内容相符，则辅助翻译软件便会将检索结果完整地反馈给翻译者，如果检索内容与源语内容存在明显的差异，便会需要翻译者对检索结果进行校验与检查，以此确保计算机辅助翻译的结果符合翻译语境或源语内容。然而在计算机辅助翻译的过程中，却存在诸多的问题，严重影响到计算机翻译的质量与效率。

（三）计算机辅助翻译所存在的问题

1. 译文僵硬

在辅助翻译的过程中，我国部分翻译软件都会将源语文本根据相应的句子类型，划分为不同的单元模块，并对其进行语言转换或处理。所以翻译者需要根据"计算机软件划分的句子"进行比对和翻译，致使原文的语言顺序和目的语的语言规则相背离，严重影响句子的连贯性和通常性。此外，计算机辅助翻译的内容为僵硬、刻板，难以呈现源语文本的文化特征及特性。譬如在语境识别和词汇选择上，通常难以结合具体的语境，筛选出合适的词汇，导致源语文本的语义和语境发生冲突和矛盾。长此以往，不仅弱化计算机辅助翻译的效率，还会加大翻译者的工作负担。

2. 适应性低

辅助翻译拥有较高的翻译效率，可以利用语料库与记忆库中的数据资源，筛选出合适的文本资源或内容。当前的计算机辅助软件只能应用在句型不变的语言翻译环境中，而在内容程度高、复杂性强的翻译环境中，却难以发挥出较高的效率性和机动性。譬如在技术文件、说明书及法律文件等的翻译中，辅助翻译软件难以翻译出合适的语言文本。而在文学文本翻译上，计算机辅助翻译只能将源语文本的字面意义翻译出来，至于角色腔调、潜台词、暗喻、隐喻等内容，却无法彻底地、全面地呈现出来。譬如在莎士比亚的"Woman，your name is trouble"通常被翻译为"女人，你的名字叫麻烦"。

3. 召回率低

通常来讲，在辅助翻译的过程中，翻译者需要检索翻译软件的记忆库并筛选出较为合适、准确的翻译文本。然而在检索的过程中，翻译者必须通过完全匹配与模糊匹配的方式对语料资源进行召回与筛选。其中完全匹配的数据召回率较高，但模糊匹配只能召回与源语文本相似或相近的文本，召回率相对较低。此外由于源语文本有时属于特殊的文件、材料，在计算机辅助翻译在模糊匹配时，难以发挥出最大的效用和功能。而如果句型变化程度较高、较复杂，还会导致模糊匹配的召回率低于15%。

（四）大数据背景下计算机辅助翻译模式的创新与发展策略

1. 利用大数据技术优化数据记忆库

针对译文僵硬的问题，我国相关学者及专家提出优化人工智能技术，通过人工智能技术提高计算机辅助翻译的精准性与实效性。然而在实际的开发与应用中，人工智能技术必须结合特定的语料库和资料库对源语文本进行分析与处理。如果语料库或记忆库在广度和深度上存在问题，将极大地影响到人工智能技术在计算机辅助翻译模式中的应用。所以我们可以利用大数据技术实现语料库与记忆库的共享化发展，使不同翻译软件的数据库融合起来，并利用大数据技术挖掘互联网中语料资源。从而使计算机辅助软件能够在人工智能技术的支持下明确或分析特定的语言环境；利用大数据技术，挖掘出与目标语境相似的语言文本。而在翻译模式创新发展的过程中，翻译者需要在"辅助翻译""翻译记忆"及"人工校对"前进行语境分析与大数据挖掘工作。

2. 利用大数据技术拓展语料库的内容

传统计算机辅助翻译适用性低的成因主要有翻译软件的智能性较低，难以应对内容层次、复杂程度较高的源语文本。语料库缺乏对源语文本的特征识别。其中智能性问题可以通过优化人工智能技术来实现。而缺乏"文本特征识别"的问题，则需要借助大数据技术对法律文件、文学文本、技术文件及说明书进行识别和归纳，确定文本的基本内容，并引导翻译者构建出不同类型的数据库层级（即在原有语料库的基础上，进行分类或分级），使计算机辅助翻译软件能够在文本特征识别的过程中，提供较为准确的译文文本。而在辅助翻译模式的创新上，需要翻译者加强对大数据技术的应用，丰富记忆库或语料库的翻译内容，形成特定的文本翻译范式，使计算机辅助翻译在大数据技术的支持下，更好地扩充语料库的文本内容和类型。

3. 利用大数据技术提高模糊匹配召回率

模糊匹配召回率低是计算机辅助翻译的基本问题，难以帮助翻译者提升文本翻译的质量和效率。而在大数据技术的支持下，翻译者能够通过模式转变的方式，优化模糊匹配的机制，强化源语翻译的质量。首先，改变文本翻译环境。将源语文本置入计算机辅助翻译软件中，并利用大数据技术对记忆库进行句型比对、类型比对、信息挖掘与数据分析，确定源语文本所翻译的范畴。随后在翻译者利用模糊匹配的过程中，召回匹配度较高的文本数据。简而言之就是在语言翻译前将原始文本输入到辅助翻译软件中，并根据常规的辅助翻译模式，对句式或语篇进行翻译。在这个过程中，大数据技术能够综合分析语料库与原始文本的相似性和差异性，提高模糊匹配的召回效率和质量。其次，将大数据技术与辅助软件的记忆系统有机地结合起来，并在共享机制的支持下，分析过往模糊匹配的结果及应用情况，从而筛选出符合源语内容的语料资源。但在该模式下，翻译者必须确保计算机辅助翻译软件拥有较强的共享性，可以与其他用户实现数据共享和共联，以此提高翻译的实效性和有效性。

将大数据技术充分地融入"计算机辅助翻译"中，可以切实提高译文翻译的适用性与模糊匹配的召回率，转变传统的计算机辅助翻译模式，使人工校对环节更加轻松、更加流畅。然而在计算机辅助翻译模式创新与发展的过程中，我们不仅要在技术应用的层面上进行创新和发展，还需要从翻译模式、工作流程上进行创新，探究并挖掘出适应新模式的翻译流程、翻译标准及工作方法。譬如增设"数据收集""协同交流"等环节，可以提高辅助翻译的实效性。

第二节　计算机辅助翻译发展趋势

本书对今后翻译技术发展的两大趋势做出如下论述：一是整合化趋势，各种功能和翻译的辅助性工具都整合到一个平台中；二是专业化趋势，出现专门针对多媒体翻译、法律与文学翻译的专用软件和工具。近十年来，信息技术、人工智能、自然语言处理等的发展，特别是计算机硬件承载能力持续增长，互联网技术、云计算深入发展，促使翻译技术突飞猛进，翻译系统功能不断改善，翻译行业生产力不断提高，智能化、语境化、可视化、集成化、网络协作化等特征越来越明显。可以预见，传统翻译生产方式将逐步被新技术洪流淹没，以云计算为基础架构的云翻译系统将会闪亮登场。本书认为，CAT 的发展会呈现以下趋势。

一、日趋整合的 CAT 工具功能

不同业务的需求迫使翻译技术提供商逐渐整合不同的功能模块。CAT 工具从最初基本的模糊匹配和编辑功能发展到翻译中自动文本输入和自动拼写检查，到翻译后批量质量保证，再到翻译项目切分、项目打包、财务信息统计、过程监控、语言资产管理、即时通信、多引擎机器翻译等，功能越来越多，呈现出整合趋势。如当前 Across、SDL Trados、XTM 等 CAT 工具不再局限于翻译本身，其功能涵盖技术写作、术语管理、文档管理、内容管理到翻译和产品发布等环节，体现了将翻译技术同翻译流程各环节整合的趋势。

二、日益提高的 CAT 可视化程度

维基百科对可视化技术的定义是"所见即所得"（What You See Is What You Get，WYSIWYG)，也即人们可在屏幕上直接得到即将打印到纸张上的效果，也称可视化操作。以 CAT 标签为例，它能隐藏待译文档格式信息，但格式越复杂，预览效果越差，甚至不能预览翻译结果，从而影响译者判断和翻译速度。目前，翻译技术同计算机图形学、计算机视觉、计算机辅助设计等多领域不断融合，正朝着可视化翻译方向发展。如在 Alchemy Catalyst、SDL Passolo 等类似翻译工具中，译者只须关注文本本身，并可在翻译的同时实时预览本地化翻译后的位图、菜单、对话框、字串表、版本信息等标准资源，及时发现可能的错误。未来，更多的技术提供商会将可视化翻译技术无缝整合到翻译流程中，从翻译过程到项目管理，本地化工程到测试过程将实现全过程无阻力可视化，为翻译人员提供各种便利，全面优化翻译环节，节省成本，增强公司竞争力。

因此，可视化本地化技术已成为国际本地化软件工具的一种诉求，未来可视化技术的发展前景十分广阔。

三、异军突起的开源 CAT 工具

鉴于市场需求变化必定导致对翻译工具需求的变化，如何在成本范围内提高效率就成为很多用户首先考虑的问题。随着开源社区蓬勃发展，人们越发关注开源 CAT 系统，如 Anaphraseus、Okapi、OmegaT、Translate Toolkit、Transolution、Virtaal 等一大批开源工具涌入翻译或本地化市场。由于其成本低、灵活可靠、安全性高，且无须许可证，自由和开放源码软件（Free and Open Source Software，FOSS）越来越受欢迎。此外，开源 CAT 系统具备商业 CAT 系统兼容 TMX 标准、模糊匹配、术语管理等基本功能，且这些功能同封闭性商用 CAT 系统相比优势明显。不难预见，开源工具正在赶超商用 CAT 系统。

四、广泛应用的 CAT+MT+PE 模式

CAT+MT+PE 即"计算机辅助翻译+机器翻译+译后编辑"的简称。机译在信息化时代快速发展，在商业翻译中更是广泛应用。机译虽然批量翻译速度快，但不能很好地理解自然语言，所以高质量翻译仍需要人来主导，且目前越来越多的 CAT 工具提供商开始实现机译引擎与 CAT 工具的整合。当记忆库中无匹配时，CAT 系统会自动调用内置机译引擎快速给出译文，译者再根据初始译文修改，确认后的内容可及时进入记忆库，供后续循环使用。如 SDL Trados Studio、Wordfast Pro、Déjà Vu X2、memoQ 6、Fluency Translation Suite、Wordbee 等 CAT 工具已将 Google、Bing、Systran、Microsoft MT 等主流机译引擎内置系统当中，为译者提供了非常有用的参考。Google Translator Toolkit 是 CAT+MT+PE 的典型代表，它不仅可用 Google 机译直接翻译，还可支持翻译记忆和术语库，译员上传的术语库可以干涉、改善机译结果。

五、迅猛发展的语音识别技术

鉴于运用语音识别能根据声音指令创建、编辑、修订、保存翻译文档，未来 Web 3.0 时代，语音识别和即时语音翻译技术将会极大发展。目前，Siri、Vocre、SayHi Translate、百度语音助手、搜狗语音助手、讯飞灵犀语音助手等智能语音翻译及应答系统如雨后春笋迅速蔓延移动应用市场，通过识别用户语音的要求、请求、命令或询问正确响应，既能克服人工键盘输入速度慢，极易出错的缺点，又有利于缩短系统反应时间，如译员利用 Via Voice、Dragon Naturally Speaking、Express Dictate、FreeSpeech 等语音软件翻译文本初稿的同时，TM 系统可对具体词或短语进行匹配操作。

从商用领域看，近年来 Microsoft、IBM、Philips、Motorola、Intel、L&H、Dragon Systems 等公司斥巨资研发相关产品，较成熟的系统有 IBM 的 Via Voice 和 Microsoft 的 SAPI，这些都是面向非特定人、大词汇量的连续语音识别系统，如经充分训练，Via Voice 识别率可达 93%。从日常生活看，播客/唱吧和苹果的 Siri 是两大发明，前者或通过电话点播电视 MTV 时只需歌手或歌名，电视终端就播放相应曲目；或组织多人飙歌时，利用语音识别技术可比对用户演唱和原音旋律，继而给用户演唱打分。后者通过强大的后台语音分析技术对多语种人声进行识别并智能答复。

以奥运会多语言信息服务系统为例，该系统包括多语言信息同步发布、信息查询和语音交互式电子商务，并重点提供关于地理位置的信息服务，此外还提供口语翻译机、自动翻译电话等国际交流辅助工具。该系统工作原理是：首先由实时翻译机器将各类信息传递到语音应用平台，再以语音等方式向各种终端用户发布，为用户提供母语信息服务。实践证明，该系统为奥运相关信息查询、公共服务信息查询及社交活动等提供多语言智能信息

服务，相当于建立了一支虚拟志愿者信息服务大军。这在奥运史上也是了不起的进步。

可以预见，随着人工智能技术、语音识别和自动翻译系统不断整合，人机交流会更自然，信息网络查询、医疗服务、银行服务等领域的智能语音翻译会成为现实。

六、日益强劲的云驱动力

在"互联网就是超级计算机"的思想下，大数据、云计算技术迅速崛起，在语言服务领域主要体现为基于云的机器翻译，计算机辅助翻译及翻译管理系统，现分述如下。

（一）基于云的机器翻译

此类服务直接提供开放 Web 界面，让用户访问在线多个机器翻译引擎和词典引擎，甚至允许用户构建、修改个性化后台引擎知识库，不影响他人或权威译文，进而实现翻译资产云共享，代表工具有谷歌 Google Translator Toolkit、微软 BingTM、欧盟 LetsMT! 项目、微软 Microsoft Translator Hub、Xeelerator KantanMT、Lionbridge GeoFluent、SDL BeGlobal等。其提供的开放统一的应用编程接口（API）可与其他站点或应用整合，并与大数据语义信息和深层语言学知识二次融合，大幅提升机器翻译质量。

（二）基于云的计算机辅助翻译

传统 C/S 架构 CAT 工具长期存在投入大、维护费用高，更新复杂、容易盗版等问题，而现在把 CAT 应用系统统一部署在云服务器上，用户按需向开发商订购在线应用系统服务，其四大核心组件是云工作台、云记忆库、云术语库和云知识库。代表工具有 CloudLingual、eMultiTrans，Lingotek、Memsource Cloud、MEMOrg、Wordfast Anywhere，Translation Workspace、XTM Cloud 等。

（三）基于云的翻译管理系统

云计算服务托管可完成翻译项目（工作流程）管理、市场营销、成本核算、客户管理、译员管理、翻译数据处理（如文档编辑、格式转换等）、翻译记忆和术语管理、语料对齐等各种翻译管理功能。专门性工具有 Memsource Cloud、TransPMS、LSP.net OTM、MyMemmory、Glosbe、IATE、YouAlign、TransSearch 等，通用性工具有 TeamOffice、Every-do、Apptivo、Online-Converter、ZOHO、1&1 E-mail、Online Storage 等。这类系统数量众多，各具特色，是未来各中小型企业的"竞技场"，但其分散、不安全，缺乏统合门户网站（portal）及统一评价标准等问题日益成为翻译管理瓶颈。

目前，TMS（Translation Management System）、CAT、MT 三结合的综合翻译管理云平台优势明显，它充分整合云管理服务提供商、商业服务平台和互联网，实现翻译管理云托管，其统一性、安全性得以充分保证，更好地保证翻译质量和效率。较典型的有 Wordbee，Cloudwords 公司 OneTM、Lionbridge 公司的 Translation Workspace 等，其市场潜力相当可观。在未来 Web 3.0 时代，语音识别和即时语音翻译技术将极大发展，基于大数据语料以及用户交互的智能机器翻译系统将登场。云计算和云服务很快覆盖全球，云翻译技术的应用与普及将会极大提高行业生产效率。还有正在建设的智慧语联网，通过对资源、语言技术、社区以及综合服务能力的有机整合，创造链接整个语言服务的云平台，可以满足语言服务产业链更高层面的需求。

现代翻译技术正以自己的方式"挑衅"着传统翻译世界。CAT 技术的问世与发展加快了翻译速度，优化了翻译流程，降低了翻译成本，提升了行业整体翻译生产率。有理由预见，在云计算和大数据驱动下，一场新语言技术革命浪潮已经来临，语言服务产业链经济结构和语言服务产业增长模式将会得以重塑。

第三节　本地化翻译项目与技术应用

一、本地化概述

（一）本地化概念

翻译公司招聘启事中经常能看见"本地化""本地化经验""本地化工程师"和"本地化翻译"等名词，那么到底什么是"本地化"？

通俗地讲，本地化即改造、加工产品（或服务），使之满足特定人群、特定客户的特殊要求。如微软产品依照当地文化和技术规范提供本地化服务，需要考虑货币、度量衡、法规、命名、地理甚至气候等因素；再如沃尔玛在中国运营的长久战略之一便是人才本地化，即雇用熟知当地文化、生活习惯的本地员工和管理人员。

学者和业界人士由于角色、观察角度、可用研究资源等不同，对本地化的定义各不相同。本地化对象不仅是传统翻译的"文本"，而且通常是数字化"产品"或"服务"，如软件、在线帮助文档、网站、多媒体、电子游戏、移动应用等多元化内容或与之相关的服务。通过"加工"或"调整"，使产品或服务满足特定市场用户对语言、文化、法律、政治等特殊要求。本地化可分解成软件编译、本地化翻译、本地化软件构建、本地化软件测试等系列工程技术活动，每项活动均需使用特定技术及工具，如编码分析、格式转换、标记处理、翻译、编译、测试、排版、管理等，由此最终实现产品或服务的"本地化"。

本地化是经济全球化的结果，经济全球化和 IT 技术的深入发展会推动本地化的快速发展。本地化产品已无处不在，已深入到日常工作、生活和学习中，深入到社会的各个方面。据统计，微软软件收入中，60%以上的销售额来自本地化产品；对软件本地化投入 1 美元，可换来 10 美元的收益。

本地化的作用主要有如下四方面。

①满足特定语言市场在功能、法律、习俗等方面的需要；

②尊重不同语言用户需求，展示开发商发展实力；

③降低产品生产成本，提升综合竞争力；

④拥有更多用户，拓展市场份额，实现业务全球化，获得更大的经济利益。

（二）本地化与翻译

尽管本地化行业在国外至少已有十几年历史了，但目前国内本地化发展仍处于起步阶段，很多人对本地化的概念并不清晰，还将其视为"高技术翻译"。实际上，本地化很复杂，涉及许多业务和技术问题，需要很多专门知识才能成功实现。本地化通常包括本地化翻译，即将用户界面、帮助文档和使用手册等载体上的文字从一种语言转换为另一种语言的过程。可见，本地化和翻译存在区别，这种区别有以下六个方面。

①翻译内容不同。传统翻译更多针对文档、手册，而本地化翻译涉及软件界面、网页互动内容，帮助文件、电子手册、多媒体等，不仅包括简单的内容翻译，还经常需要多种类型的文件格式转换。因此，为准确翻译，需要具备 IT 背景知识，理解产品使用功能。

②处理流程不同。传统翻译的处理流程主要是文字转换工作，工序相对简单，但翻译只是本地化业务的一个环节。本地化业务除翻译外，还包括文件准备与转换、译前处理、译后处理、本地化桌面排版和本地化测试，由此产生的业务收入也有差别——本地化公司的翻译业务收入通常占其总营业额的一部分，每个公司比例略有差别；翻译公司的翻译收入通常占据较大比重，甚至就是其全部业务。

③使用工具不同。传统翻译很少或根本不用 CAT 工具。本地化各流程还要配合多种软件和工具，如文字抽取还原、图形图像处理、音频视频编辑、工程编译工具等。本地化领域常见工具有 SDL Passolo、SDL Trados、Alehemy Catalyst、Scaleform、XLOC 等。

④报价方式不同。本地化按源语言计算字数，一般使用 CAT 工具（最常用的是 SDL Trados）来进行统计，CAT 工具可同时计算出文件中字数重复率（Repetitions 和 Fuzzy-match），对于重复的字数，报价时给予相应折扣。翻译公司一般按中文字数计算。由于翻译公司往往是从其他语言翻译成中文，所以翻译公司一般是按目标语言计算字数，计算方法基本是 Word 字数统计。这种方法的缺点是不能计算字数重复率，当文件中含有大量重复字数时（即使重复率达到 90%），仍按全新字数报价。

⑤翻译要求不同。为保证多语言版本和源语言版本同时发布，软件翻译过程经常与源语言版本的开发同步进行，以适应激烈竞争的软件市场和不断提高的软件质量要求。本地化翻译不仅是语言文字的转换，还要考虑目标市场和用户的文化、习俗、传统、法律等。

本地化既属技术性行业又属语言服务类行业，服务于众多行业，要求技术范围广，服务客户是国际化企业，要求较高，要求从业人员兼备外语、IT、技术甚至商务和管理技能。

⑥客户群体不同。从客户分布和来源看，传统翻译公司的客户大多数是国内公司，本地化公司客户绝大多数来自欧美等国外市场，本地化公司遵守本地化行业的国际规则、沟通惯例（如工作语言为英语，Email 沟通为主），具备规范的业务流程、完善的管理手段，实施严格的质量控制和应用先进的技术工具。

（三）一般本地化流程

同传统翻译项目流程相比，本地化项目翻译流程相对复杂，项目不同，流程也有所差异。

本地化流程是售前阶段→启动会议→源资料分析→制订计划和预算→术语准备→源资料准备→软件翻译→在线帮助和文档翻译→软件工程处理和测试→屏幕截图→帮助文档工程处理和文档排版→工程处理更新→产品质量保证和提交→项目结束。简化的流程为项目准备→翻译→审校→生产→质量保证→项目收尾。

软件本地化流程是：评估与准备→抽取资源文件→标识资源文件→检查资源文件→调整用户界面尺寸→编译本地化软件→修正软件缺陷等环节。

综上，本地化翻译只是本地化的一个环节，译前和译后仍需要做很多相关的工作，需要多个部门之间协作，更需专业本地化工具支持。

按现代项目管理理念，本地化流程为启动阶段→计划阶段→执行阶段→监控阶段→收尾阶段，共五个阶段，每阶段又可分为不同的环节和若干任务。本地化项目千变万化，流程却普遍一致。

软件界面本地化简化流程为预处理→翻译/编辑/校对→后处理→编译构建→修正缺陷，较有代表性，现说明如下，其中翻译/编辑/校对与翻译项目相同，此处不做介绍。

①预处理：主要包括抽取资源文件；抽取并重复利用软件/文档的本地化资源；生成字数统计内容；生成本地化术语表；生成本地化工具包。

②后处理：主要包括配置编译环境（Build Environment），验证本地化过程中的错误（如热键重复、热键丢失、热键不一致、控件重叠等），调整翻译的用户界面的控件位置和大小，编译本地化软件和联机帮助文档，编译构建本地化的软件版本（Build）。

③修正缺陷：通过修正软件本地化测试发现和报告的缺陷（Bug），提高软件本地化质量；正确处理软件的本地化缺陷，满足本地化软件发布对缺陷数量和特征的要求。

本地化项目类型繁杂，各有千秋，很少有完全相同的本地化项目。当前，本地化行业处于蓬勃发展期，新型本地化内容层出不穷，本地化企业面临更加激烈的竞争和更加多变的外部环境，技术创新和流程优化成为本地化企业获取竞争优势的重要战略途径。本地化技术的创新推动本地化流程不断优化，诸如 SAP、DELL、IBM 等语言服务大客户已部署全球化管理系统（GMS），实现本地化业务管理、定制化技术与 GMS 的整合，大大优化了本地化的工作流程管理。

（四）本地化服务角色构成

由于本地化行业本身的特殊关系，各项目中可能涉及的典型活动大体可归纳并抽象出来。较大的项目可能涉及所有的活动，规模相对较小的项目则可能仅包含一个或几个活动。本地化项目典型活动包括国际化、本地化工程、桌面出版、语言处理、技术审核、项目管理、质量管理、销售分析、软件测试等，这些活动需要多种角色参与。

根据中国翻译协会发布的本地化业务基本术语，本地化业务流程中通常有以下角色。

①本地化服务提供商（Localization Service Provider，Localization Vendor）：提供本地化服务的组织；本地化服务除翻译工作外，还包括本地化工程、本地化测试、本地化桌面排版及质量控制和项目管理等活动。

②单语言服务提供商（Single Language Vendor，SLV）：仅提供一种语言的翻译或本地化服务的个人或组织，可包括兼职人员、团队或公司。

③多语言服务提供商（Multi-Language Vendor，MLV）：提供语言翻译、本地化服务及各种增值服务的组织，大多数 MLV 在全球拥有多个分公司和合作伙伴。

④本地化测试服务提供商（Localization Testing Service Provider，Localization Testing Vendor）：提供本地化测试服务的组织，主要服务是测试本地化软件语言、用户界面及本地化功能等，以保证软件本地化质量。

⑤翻译公司（Translation Company）：提供一种或多种语言的翻译服务的组织，主要服务包括笔译和口译。

⑥服务方联系人（Vendor Contact）：服务方中面向客户的主要联系人。

⑦客户（Client）：购买本地化服务的组织。

⑧客户方联系人（Client Contaet）：客户方中面向服务提供商的主要联系人。

⑨客户方项目经理（Client Project Manager）：在客户方组织内负责管理一个或多个本地化或测试项目的人员，通常是客户方项目驱动者和协调者，也是客户方主要联系人之一，负责在指定期限内管理服务提供商按预定时间表和质量标准完成项目。

⑩服务方项目经理（Vendor Project Manager）：在本地化服务提供商组织内负责管理一个或多个本地化或测试项目的人员，通常是服务方项目执行者和协调者，也是服务方主要联系人之一，负责在指定期限按客户预定时间表和质量标准完成项目交付。

⑪全球化顾问（Globalization Consultant）：该角色人员负责评估全球化相关战略、技术、流程、方法，并提出实施、优化全球化及本地化工作的详细建议。

⑫国际化工程师（Internationalization Engineer）：在实施产品本地化前，针对国际化或本地化能力支持方面，分析产品设计、审核产品代码、进行问题定位、制定解决方案并提

供国际化工程支持的人员。

⑬本地化开发工程师（Localization Development Engineer）：从事与本地化相关的开发任务的人员。

⑭本地化测试工程师（Localization Testing Engineer，Localization Quality Assurance Engineer）：负责全面测试本地化后的软件语言、界面布局、产品功能等，以保证产品本地化质量的人员，有时也称为本地化质量保证（QA）工程师。

⑮本地化工程师（Localization Engineer）：从事本地化软件编译、缺陷修正及执行本地化文档前（后）期处理的技术人员。

⑯译员（Translator）：将一种语言翻译成另一种语言的人员。

⑰编辑（Reviewer，Editor）：对照源文件，对译员完成的翻译进行正确性检查，并给予详细反馈的人员。

⑱审校（Proofreader）：对编辑过的翻译内容进行语言可读性和格式正确性检查的人员。

⑲排版工程师（Desktop Publishing Engineer）：排版本地化文档的专业人员。

⑳质检员（QA Specialist）：负责抽样检查和检验译员、编辑、审校、排版工程师等完成任务的质量的人员。

二、本地化项目主要类型

常见的本地化类型有文档、软件、网站、多媒体、游戏及移动应用（APP）等。

（一）文档本地化

文档概念宽泛，统称"源文件"，可理解为以文字、格式标记为主的数据集合，常见文档格式有 Windows 文本文件 *.txt、Microsoft Office Word 文档 *.doc/ *.docx/、Office Powerpoint 演示文稿 *.ppt/ *.pptx、Office Excel 表格 *.xls/ *.xlsx、Office Visio 图表文档 *.vsd、富文本文档 *.rtf、Adobe Reader 文档 *.pdf、歌词文本 *.lre、超文本 *.htm/ *.html/ *.shtm/ *.shtml、汇编的帮助文件 *.chm 等；文档本地化指将客户提供的源文件从其原产国语言版本转化为另一种语言版本，使之适应目标国家的语言和文化的过程。

文档本地化可能涉及的文档类型有用户辅助文档、快速入门指导手册、疑难排解指南手册、系统恢复指南手册、联机帮助、培训教程、课件等。

文档本地化是整个产品本地化的重要部分，其涉及面广，又因为处于整个产品开发周期下游，因此受到诸多因素制约。此外，由于不同公司产品性质不同，需要本地化的文档类型也不同，如公司以生产硬件为主，则不太可能涉及联机帮助一部分的文档本地化。某些客户需要本地化的文档可能包括培训教程、课件等特殊文档。

（二）软件本地化

软件本地化指将某一产品的用户界面（UI）和辅助材料（文档资料和在线帮助菜单）从其原产国语言向另一种语言转化，使之适应某一外国语言和文化的过程，即将软件产品按最终用户使用习惯、语言及需要进行转换、定制的过程，包括文字翻译、多字节字符集支持、用户界面重新设计和调整、本地化功能增强与调整、桌面排版、编译、测试等。

语言翻译是软件本地化的基础，鉴于许多软件源自欧美，因此这些软件进入特定国家、地区时需要修改或重写软件源代码。为提高本地化效率，软件开发与本地化两者应同步进行，否则软件投入市场后再进行本地化将耗费大量人力物力，日后维护也十分复杂。

人机交互界面是软件本地化的最直观感受，用户界面的图文设计、信息提示方式等应符合最终用户的思维和表达习惯。工程人员需进行适当的代码修改和改进，使软件操作更加本地化。

互联网热潮汹涌，智能手机和移动 4G/5G 网络的迅速普及推动了移动 APP 的迅速发展。在苹果应用商店（App Store）商业模式推动下，移动 APP 已成为一个新的商业热点和业务增长点，这一方面的软件本地化需求正逐步上升，未来形势看好。

软件本地化通常由多个流程构成，尽管可使用辅助工具，但每个流程都对项目管理人员的知识、经验、技能掌握和背景知识有一定依赖，因而本地化过程中就需要通过一定的方式，尽可能将这些存在于人脑中的技能、经验、背景知识物化，以便收集、积累、改进、提升和应用，提升本地化处理能力和竞争力。

（三）网站本地化翻译

网站本地化指将网站从其原产国语言版本转化为另一种语言版本，使之适应目标国家的语言和文化的过程。具体而言，网站本地化包含网站内容本地化、网站图形与多媒体本地化及动态内容本地化等。网站本地化不同于简单的网站翻译，不仅要译文精确，还要兼顾到对应客户群体的民族信仰、色彩好恶、言辞忌讳、风俗等系列问题。因此，网站本地化是一项极其复杂的工程。以下列出了一些细节问题。

①默认语言在特定地区应如何展示？

②如何按从右到左的阅读习惯展示内容？

③在某些语言中应该如何处理字间距问题？

④如何选择正确的编码方式（如 UTF-8，UTF-16 等）显示特殊字符？

⑤如何按当地语言习惯安排姓氏和名字的顺序？

⑥如何解决日期和货币所导致的编码混乱问题？

⑦如何按当地时区正确显示日历？

人们通常认为网站本地化即将源语言网站翻译成几种或几十种目标语言网站，但情况并非如此简单。网站本地化除涉及内容翻译外，还涉及很多设计层面因素，可供全球化的网站是网站本地化的重要前提，这就涉及网站的架构和技术等。

一般来说，文本本地化包括文字翻译、排版和网页制作，使用软件包括 SDL Trados、Adobe Dreamweaver、Microsoft ASP 等；多媒体文件本地化包括 Flash 动画、图像、视频、音频等的本地化，使用软件包括 Photoshop、CorelDraw、Macromedia Flash 等；需要本地化的网站动态内容包括表单、Java 脚本、Java 小程序、ActiveX 应用程序，另有 XHTML 语言、CGI、ASP、PHP、JSP 编程，网络数据库 Access、SQL、Oracle 等。

目前，本地化需处理的文件可分为四类，分别如下。

①网页文字：一是可见的导航栏、按钮、网页内容等，二是从数据库导出的表数据文件，如 *.html、*.asp、*.php、*.xml 等常见格式。

②图片和动画：多媒体资源，包括 LOGO、Banner 图片、视频动画等部分，文件格式通常为 *.jpg、*.tif、*.gif、*.swf 等。

③代码文件：多用于实现网站个性化特殊功能，文件格式通常为 *.java、*.jsp、*.vb、*.script 等，部分文件可能包含需处理的字符串等，某些情况下这些文件无须本地化处理。

④下载文档：多为表格或说明文件，文件格式常为 *.doc、*.pdf 等。

网站本地化包含以下几个阶段。

①准备工作：创建词汇表、创建风格指南、翻译测试文档。

②生产管理：网站内容、网站图形与多媒体、动态内容、代码文件的本地化。

③更新管理：上述内容的更新。

④调试/修复：内容 QA、运行测试、程序缺陷修复、可视化内容修正等。

(四) 多媒体本地化

1. 定义及内容

多媒体，即多媒体技术（Multimedia Technology），指将文本、图形、图像、动画、视频、音频等形式的信息通过计算机处理，实现多种媒体建立逻辑连接，集成为一个具有实时性和交互性且能系统化表现信息的技术。简言之，多媒体技术是综合处理图、文、声、像信息，并使之具有集成性和交互性的计算机技术。正是由于多媒体的多样性、交互性、集成化、数字化和实时性，其系统应用得到了广泛认可，对商业领域的革新作用尤其显著，如很多商家不再选择原有平面媒体或印刷物方式，而开始使用多媒体（如视频、动画、交互软件）实现产品宣传目的。

根据文档、网站等的本地化定义，自然可将多媒体本地化定义为将多媒体文件从其原产国语言版本转化为另一种语言版本，使之适应目标国家的语言和文化的过程。文件类型通常涉及图片、音视频、课件、动画等。其中涉及许多软件的使用，如图片翻译涉及抓图、截图、制图，常用软件有 SnagIt、HyperSnap、Photoshop 等，而音频翻译常用 Adobe Audition 等音频编辑软件开展配音、声音合成等。

2. 特点

需要看到，一方面，多媒体文件类型众多，制作流程复杂，要求严格、标准的本地化流程；另一方面，技术的更新换代也造成了本地化技术和方法需要不断更新，由此造就了多媒体本地化的四大特点，即多样性、复杂性、标准性、发展性。

（1）多样性

文本、图形、音频、动画、视频和交互称为"多媒体六要素"，而这些要素的组合又进一步导致了多媒体文件及本地化的多样性。如北京奥莱克翻译公司提供的本地化服务就有：在 DAT、Beta SP 或硬盘上进行语音和解说词的录制及混音，音视频后期制作及数字化，译制配音，语音本地化服务，多媒体课件本地化服务，公司和 AV 演示文稿录像带，电话和其他计算机系统语音提示，有声读物，教育娱乐，音频和数据 CD-ROM 等。其多样性可见一斑。

（2）复杂性

事实上，多媒体本地化流程中翻译仅占很小一部分，而译前、译后文件处理，包括文件格式转换、待翻译内容抽取、测试、后期集成制作等则要占据大量时间。以视频文件本地化为例，需要字幕本地化、音频本地化及合成、视频本地化三个流程，如下以 Premiere-Pro 为例分步阐述。

第 1 步，字幕本地化。向 *.wma 视频文件加载 *.xml 格式字幕文件，一般要经历五个步骤：①创建字幕层；②在字幕层上或再翻译后的字幕文件上调整字幕，确保每个时间点或每一屏只对应一句字幕并注意字幕断行；③在 Premiere Pro 提供的 Area Type Tool 中调整字幕属性及设置，包括对齐属性、坐标位置、字幕层宽高值、字体、字号和显示样式等；④发布前应确认视频编码及视频属性信息，保证其与源语言视频文件一致；⑤发布后，带有本地化后字幕的视频应安排检查，确保其字幕中不存在文字截断现象，字幕、声音及视频画面中动作之间应保持同步等。

第 2 步，声音本地化。分配音和声音叠加两种，显而易见，配音比声音叠加翻译更彻底。

第 3 步，向源视频文件加载翻译后的声音，一般要经历几个步骤：①导入处理后的本地化音频文件并进行音视频同步，输入视频前，应确认视频分辨率、色位及编码与音频编码、采样频率、比特率和声道数等属性信息，保证其与源语言视频文件一致；②输出视频后，检查带有本地化后音频的视频清晰度与连贯性。由此例不难看出，多媒体本地化非常复杂。

（3）标准性

多媒体本地化任务的复杂性及不断增加的工程量要求该类本地化流程必须依靠标准生产文件夹结构加以控制，这是一个由九部分构成的标准化文件管理结构，且各文件夹下必须细分源文件、质量保证文件和最终文件等子文件夹。

00_ Source：源语文件夹，便于后期文件数量等对比检查。

01_ Markup Files Prep：需要标记的交互文件夹。

02_ Art：待译或待处理图片文件夹，其子文件夹有①0_ Source：源文件夹；②1_ Extracted Onscreen Text：需抽取文字及修图中间文件夹；③2_ Translated Onscreen Text：译后文件夹；④3_ Screenshot：目标语言环境截图文件夹。

03_ Audio：待译或待处理音频文件夹；其子文件夹有①0_ Source：源文件夹；②1_ Extracted Scripts：原始脚本文件夹；③2_ Translated Scripts：译后脚本文件夹；④3_ Translated Audio：录制后的本地化音频文件夹。

04_ Video：待译或待处理视频文件夹。

05_ Animation：待译待处理动画文件夹。

06_ Integration-Locales：译后多媒体元素文件夹。

07_ QA&LSO：功能和语言检查后的反馈信息文件夹。

08_ Final：通过最终 QA 并提交给客户的文件夹。

上述文件夹结构可根据实际多媒体本地化工作范围进行结构优化和删减。

（4）发展性

多媒体技术应用是当今信息技术领域发展最快、最活跃的技术。从 X86 开启多媒体纪元，到 20 世纪 80 年代声卡标志着电脑发展新纪元，再到 MPEG（Moving Picture Expert Group，运动图像专家小组），最后在 90 年代硬件技术创新背景下到来的多媒体时代，其发展速度让人惊叹。如今，多媒体编辑、图形设计、动画制作、数字视频、数字音乐等改变着生活的方方面面，而人机交互、全息技术等更是激动人心。因此，多媒体本地化技术必须随着多媒体技术的发展不断进步，才能真正实现多媒体本地化。之前应用广泛的 HTML 语言正被 XML 取代，许多软件开发商和设备制造商也都提供了 XML 支持，因此多媒体本地化技术也逐步以 XML 作为数据交换标准。

（五）游戏本地化

游戏本地化始于 20 世纪 70 年代的 Space War 和 Pong 两款游戏，当时的游戏本地化只局限于翻译产品包装、文档和市场宣传资料等，属于支持或市场类的问题，远未上升为开发性问题。而今天，完整的本地化及同时（或基本同时）发布多个语言版本的情况越来越多了。

游戏的内容核心是场景和故事，就像多数游戏软件中加载的大量地图文件和故事说明一样，由此看来，本地化的困难是让这些故事能让不同文化背景的玩家产生共鸣。需要进行本地化的元素有游戏界面、错误信息、经过配音的音（视）频、字幕、任务简述、游戏物品（如武器）信息文件、地图、标志、剪辑、非玩家人物对话、帮助文件、教程、各类文档、工作人员名单和产品包装等，文件类型可能包括文本文件、Microsoft Word 文档、Excel 电子表格、Access 数据库、HTML 代码和（或）源代码及位图图形。

游戏本地化涉及三层内容。

①技术层：如平台定位（需确定待植入平台）、输入法（需适应不同地区的不同键盘布局和输入设备）等，鉴于部分作品中图标可能最终代替语言来实现跨文化沟通，故应使用易于大众理解的图标。

②翻译层：鉴于游戏玩家各有自己习惯的语汇，容易就某种语法是否贴切产生分歧，译员须是会目标国家或地区语言的人士，必须熟悉目标国家或地区的行话俚语和游戏术语。

至于测验、笑话、双关语甚至故事情节等元素都有可能重新设计，而不只是简单翻译。

③文化层：由于不同市场受众心理不同，本地化工作者可能需要为目标市场重新制作任务，如西方游戏人物通常比较成人化，外在特征显著，而亚洲人物通常强调儿童化特征，某些作品外观梦幻。但不经原设计者同意，这些角色不允许改动或重新设计。

需要看到，游戏类型不同，本地化特点也不同。

①动作游戏：文字较少，但会涉及特殊文化问题。

②角色扮演游戏：是一种很特殊的挑战，语言一般具有强烈的古风，可能包含大量只在特定游戏中存在的人物、法器和武器。

③模拟类游戏：对应生活中的事物和场景，对真实性和准确性要求很高。

（六）移动应用本地化

随着计算机、移动通信和互联网技术的飞速发展，移动互联网呈现出广阔的市场空间。4G/5G 技术的使用与推广使移动终端不仅是通信网络终端，还成了互联网终端。因此，用户对移动终端应用与服务的需要使得各手机开发厂商在手机操作系统上不断推陈出新。据美国科技博客网站 APP Annie 统计，中国是迄今为止全球最大的 APP 市场。全球 APP 商店、APP 内广告和移动商务带来的消费额中，有 1/4 由中国市场创造。

移动应用本地化主要是实现移动平台中的 APP 本地化，目前移动本地化涵盖 iPhone、Android、Symbian、J2ME、Windows Mobile 等平台开发的游戏或软件。在中国，中文版的 iPhone 和 iPad 应用程序需求非常强劲，在中国排名前 25 位的应用程序有近一半是带中文名称的应用程序。现在，中国是全球第二大免费 iPhone 和 iPad 应用程序下载市场，日益凸显本地化的重要性。

APP 类型不同，本地化流程也要相应调整，但总体上与软件本地化相似，都要面对多媒体要素的提取和分析、音视频翻译、处理与载入、文本翻译与载入、APP 调试及可视化元素重新设计等必要步骤。但由于 APP 充分发挥了多点可触控设备的交互优势，特别注重用户的触控体验，因此除做好一般软件的本地化流程外，还要特别注重如下问题。

一是特别注重因国家、地区不同导致的文化差异，如 APP Store 的应用遍布全球 120 余个国家和地区，要特别注意民族信仰等因素导致的文化差异，确保 APP 所在国家或地区的用户从文化和情感上可以接受并愿意使用。

二是特别注重可视化效果，多点触控时代的一切操作都可以通过多根手指的配合完成，因此如何为首次使用本地化产品的用户构建简易、友好的操作指引，如何将文本信息充分转化为可触控的元素（如按钮、动画等）就成为重中之重。

三是特别注重程序兼容和稳定性，在使用本地化版本的 APP 过程中，用户对程序加载等待时间和运行稳定性特别敏感，极有可能因为一次闪退选择换用其他开发者提供的 APP。以英-汉本地化为例，要特别注意因代码和可译元素的汉化导致程序加载和响应出现技术性故障或可视化障碍，特别注意由于 iPad、iPhone 等移动终端系统频繁升级及打补丁而导致的程序兼容性问题。

三、本地化技术和工具应用

（一）本地化技术概述

翻译服务需求的迅速膨胀催生了本地化语言工厂（Local Language Factory），推动了翻译行业规模经济（Economy of Scale）的发展，促使翻译方式由传统手工作坊模式转向工业自动化。本地化团队内部分工高度专业化，设有翻译、质量保证（QA）专员、工程师、测试专员、排版专员、项目经理等细分工种，各自需掌握专门的技术，各个工种在本地化实施过程中协同发挥作用。下面将探讨不同工种使用的主要技术及工具应用。

1. 本地化翻译技术

本地化项目的核心工作是将产品或服务进行本地化翻译，该过程使用的技术通常包括翻译记忆技术、术语管理技术、机器翻译技术等。

本地化业务通常是全球化服务，业务量巨大是其显著特征，需要快速交付甚至同时发布（simultaneous shipment, simship）。为提高效率，须充分利用以前的翻译语料，保证术语和翻译风格的一致性，本地化企业通常采用 SDL Trados、Déjà Vu、memoQ、STAR Transit 等 CAT 工具提高效率。

大数据时代的本地化企业常面临在有限时间里实现海量信息快速本地化的挑战，若速度优先而质量要求不太高，机器翻译便大有用武之地。本地化企业充分利用机译和译后编辑（Post-Editing）技术，大幅降低业务成本，如客服专员可借助机器同步翻译技术实时翻译在线支持内容、聊天信息和电子邮件。本地化领域常见机译系统有 Systran、Google Translate、Microsoft Bing、SDL Language Cloud MT 等，实力较强的企业会定制开发适合自己业务的机器翻译系统。

本地化翻译离不开有效的术语管理技术，如术语提取、预翻译、存储、检索、自动化识别等技术。实现上述技术的工具有 Acrolinx IQ Terminology Manager、Across crossTerm、AnyLexic、LogiTerm、qTerm、SDL MultiTerm、STAR TermStar、Term Factory、T－Manager、TBX Checker 等。

此外，本地化翻译中需要整理和维护翻译记忆库、术语库、双语或多语文档等语言资产，还涉及翻译记忆索引优化、术语库转换、文档版本控制以及数据备份和恢复等技术。

2. 本地化质量保证技术

质量保证（Quality Assurance，QA）指在质量体系中实施并根据需要进行证实的全部有计划、有系统的活动。本地化全过程，如翻译、工程、排版、测试等均需 QA。本节仅讨论本地化翻译 QA 技术，该技术用于对软件界面、帮助文档等本地化内容进行质量检查和校对，并对整个项目的语言质量进行全局控制。如利用 QA 工具可快速批量检查拼写、术语、数字、标点符号、多余空格、日期格式、标签（Tag）和漏译等问题，大幅降低人工劳动量，节省时间和成本。本地化中的 QA 工具主要有两类：一是 CAT 工具自带 QA 插件或模块，如 SDL QA Checker、memoQ Run QA 等；二是独立 QA 工具，如 ApSIC Xbench、ErrorSpy、L10nWorks QA Tools、Okapi Check Mate 和 QA Distiller 等。

3. 本地化工程技术

本地化工程（localization engineering）是使用软件工程技术和翻译技术，针对产品开发环境和信息内容，对其进行分析、内容抽取和格式转换（如利用 ABBYY FineReader 等文字识别工具将图片文档转为可编辑格式），然后将已翻译内容再次配置到产品开发环境中，从而生成本地化产品的一系列技术工作。该过程使用的核心技术之一是针对各种文档格式的解析技术，常见操作是：本地化工程师分析需要本地化的文档类型，编写相应解析器（脚本、宏、小程序等），抽取文档中的待译文字，并用内部代码保护或隐藏不需要翻译的格式信息，让本地化人员只关注待译文字本身，减少不必要的"非生产性时间"。

编译是本地化工程的重要工作，翻译对象不同，编译类型也不同。如利用 Microsoft Visual Studio、Visual Studio. Net 等工具将 ASCII 本地化翻译资源文件（如 ∗. re 文件）编译成二进制的本地化资源文件（如 ∗. dll 文件），然后使用软件安装制作工具（如 Setup Factory）创建本地化翻译后的软件安装程序。可以用于联机帮助文档编译的工具有 HtmlHelp Workshop、Madeap Flare、RoboHelp、WebWorks ePublisher 等，用于软件本地化的编译工具有 AlchemyCatalyst、Lingobit Localizer、RC－WinTrans、ResxEditor、SDL Passolo 和 Visual Localizer 等。

本地化工程技术还包括校正和调整用户界面控件大小和位置，定制和维护文档编译环境，修复软件本地化测试过程中发现的缺陷等。本地化工程技术在产品本地化的全过程中扮演着举足轻重的角色。

4. 本地化测试技术

本地化测试是对本地化后的操作系统、应用软件、网站和游戏等进行测试，找出缺陷并修正，以确保语言质量、互操作性及功能等符合既定要求。按测试对象分类，本地化测试可分为软件程序测试、联机帮助测试及文档测试；按测试阶段分类，本地化测试可分为软件版本验收测试、软件常规测试及软件最终验收测试。

测试工作通常包括安装与卸载测试（Install/Uninstall Testing），主要检测本地化软件能否正确安装与卸载；本地化外观测试（Cosmetic Testing），主要检测本地化对话框、菜单和工具栏等界面是否完整、协调；功能性测试（Functionality Testing），主要检测本地化产品是否正常工作，是否与源语言软件保持一致；本地化语言测试（Linguistic Testing），主要检查本地化翻译的文字表达是否准确，是否符合目标用户表达习惯，确保语言质量符合相应语言要求。

从翻译角度看，本地化语言测试是对翻译整体质量的"再把关"。常用本地化手工测试工具有 Alchermy Catalyst 和 SDL Passolo，常用自动化测试工具有 LoadRunner、Quality Center、QuickTest Pro、Rational Robot 和 SilkTest 等。

5. 本地化桌面排版技术

本地化桌面排版（Desktop Publishing，DTP）明显区别于一般文字排版，指在原始语言文件基础上根据不同语言的特点（如阿拉伯语、希伯来语、乌尔都语等是双向语言，越南语排版须特别注意音调符号，日语排版不允许促音、拗音在行首及常见本地化语言的文本扩展比例等）、专业排版规则（如环境配置、模板设置、复合字体设置等）和项目指南等进行的排版工作。本地化排版要求排版人员具备专业的字符编码和排版知识（如字符集、字体、变量、对齐、跳转、索引等），熟练使用主流排版工具，同时要对常见语言及其语言规则有一定的敏感性。

本地化排版通常涉及字体管理工具（如 Extensis Suitease）、排版工具（如 FrameMaker、InDesign、QuarkXPress）、图形处理工具（如 Illustrator、Photoshop）、看图工具（如 ACDSee、XnView）、抓屏工具（如 HyperSnap、SnagIt）和图像格式转换工具（如 Konvertor、XnConvert）等。本地化排版还会涉及定制化开发工具，如针对 FrameMaker 的 FrameScript 和 CudSpan 等，针对 InDesign 的 InDesign SDK 和 InDesign Script 开发插件等。用户可通过编写脚本突破软件本身功能限制，实现多种排版任务的自动或半自动化处理，提高工作效率。

6. 本地化业务管理技术

在本地化项目实施过程中，通常会涉及客户管理、团队管理、供应商管理、进度管理和文档管理等多种管理工作。项目管理者必须考虑在不超出预算的情况下，确保资源合理配置，最终按时保质保量地完成翻译项目。如何利用本地化项目管理平台提升效率，利用自动化流程代替重复的人工操作，是本地化服务商必须要面对的挑战。

市场需求的激增催生了多种翻译和本地化项目管理系统，这些系统通常包括语言处理、业务评估、流程管理、项目监督、人员管理和沟通管理等功能。诸如 Adobe、Eachnet、HP、SAP 和 Symantec 等企业都在使用本地化项目管理系统。目前常见的一些商用系统包括 Across Language Server、AIT Projetex、Beetext Flow、GlobalLink GMS、Lionbridge Workspace、MultiTrans Prism、Plunet Business Manager、Project - open、SDL TMS、SDL WorldServer、thebigword TMS、Worx、XTRF 等。大型机构会根据其业务特点和需求研发适用的管理系统（如 Elanex EON、LingoNET、LanguageDirector、Sajan GCMS 等），并将这些系统与本地化平台整合在一起，提供一站式解决方案。

需要注意，上述技术中本地化翻译技术均是与翻译直接相关的核心技术；本地化翻译 QA 技术进一步支持和保障该核心技术；本地化工程技术在本地化流程中处于译前和译后两个环节，为本地化翻译提供先决条件和后置条件，在本地化过程中与其他技术交互作用；本地化测试和本地化排版等技术从本地化产品的不同层面为本地化过程提供技术支持；业务管理技术贯穿于本地化流程始终，它既关照某个流程细节，又起到统摄全局的作用。

一个完整的本地化项目不限于上述技术的应用，根据项目类型差异及客户多元化要求，会有各种各样的技术和工具参与，通常要做定制开发。

（二）本地化工具概述

如前所述，本地化工具根据项目需求、文件类型等有所不同。如多媒体本地化项目涉及图片、音频、视频、动画、脚本等内容，需要文字抽取、字幕翻译、字幕格式转换、配音及时间轴调整等技术和工具（如 Adobe Captivate、Adobe Flash、Adobe Premiere）。软件本地化工具可分为通用商业工具（Alchemy Catalyst、SDL Passolo）和企业内部专有工具（Microsoft LoeStudio、Oracle Hyperhub 等）。

根据软件运行环境，本地化工具还可按 Windows、Macintosh 或 Linux 等操作系统分类，SDL Tradost. Windows. ResEdit，Resorcerer，AppleGlot Macintosh 系统上常用的本地化工具，Heartsome 则可兼容上述三种系统。

此外，软件界面本地化工具有 Microsoft LoeStudio、RC-WinTrans、eXeScope、Restorator 等。近年来，Okapi Framework、Open TM、OmegaT 等开源本地化工具呈现蓬勃发展的趋势，可以预见，本地化工具的种类会越来越多，功能会愈加强大和完善。

熟练使用本地化工具，可极大提升本地化效率，但并非所有问题都可直接用工具解决。多数情况需要本地化工程师发挥主观能动性，在有限时间内找出解决问题的办法。本地化工作者除学习简单编程、宏录制、批处理等本地化工程相关技术外，还要不断学习软件开发技术，根据项目特点和基本流程，选择最有效的软件本地化工具。

非通用本地化格式是本地化中的一大难点，如果是文本类型文件，可分析需要本地化的文本特征，然后编写 Office 的宏或开发小工具，标记无须翻译的标识符（Tag），只保留待译文本。除 Office 宏外，Alchemy Catalyst 和 SDL Passolo 等本地化工具都可针对特定文件开发各种解析器（Parser）和过滤器（Filters）。如 Alehemy Catalyst 的 ezParser 可定义特定文本文件的解析；SDL Passolo 包含一个与 VBA 兼容的脚本引擎，可免费下载 Passolo 的各类宏，也可自行开发 Passolo 宏。一般认为，内部开发工具须在项目实践中不断应用，根据使用发现的问题进行修改升级。

就文件格式而言，良好的文件格式转换工具不仅支持把特定格式文档转换成 CAT 工具可打开的格式，且译后文件可再次转换为源文件格式。理想情况下，这些文件转换工具应该可对多个文件和文件夹进行批处理转换，对本地化后的文件可自动检查翻译格式和标识符是否存在错误。

四、本地化行业发展趋势

本地化市场方兴未艾，语言服务提供商、客户方、软件工具提供商、行业协会和高等院校构成了本地化产业链。我国本地化行业的发展及其影响力推动和引导了中国语言服务行业的诞生和发展。语言服务行业包括翻译与本地化服务、语言技术工具开发、语言教学与培训和语言相关咨询业务，属于现代服务业的一个分支，与文化产业、信息技术产业和现代服务外包业交叉融合。

本地化服务与时俱进的发展魅力及巨大的投资回报（ROI）吸引着越来越多的跨国公司加大本地化的投入，以期获得更大的商业利益，抢占全球消费市场。跨国公司通过在产品、服务、文档、客户支持、市场营销、维护流程和商业惯例等各个层面展示出对本地语言及文化的尊重，为各地客户提供服务项目。本地化的投入帮助跨国公司尊重和满足不同语言和市场的用户需求，拓展市场份额，降低售后服务成本，实现业务全球化，展示公司的发展实力，提升综合竞争力。

未来本地化将体现如下六大特点：一是与云翻译服务（Cloud-based translation）更加紧密地结合起来，充分利用大数据、云计算带来的海量数据、智能分析、高效便捷等优势；二是继续巩固现有翻译项目中较为成熟的"翻译记忆+机器翻译+人工校对"（TM+MT+Post-Editing）模式，并且借助取得突破性进展的机译大大提高该模式的产出率；三是敏捷本地化（Agile localization）将成为行业主流，以语料库、记忆库、术语库为代表的语言资产实现瞬时更新，项目运作流程进一步简化、扁平，实现共时高效推进，QA 等流程集成化速度实现飞跃；四是全球协作（Collaboration）更加成熟，成为常态，跨时区跨领域协作在跨国公司及高质量语言服务提供商的运作下进入黄金时期，多语种多用途本地化项目运作效率大大提高，运作成本大大降低；五是标准化（Standardization）日趋完善，未来将实现现有本地化各阶段各类别各层次标准的整合并高度程序化，反过来又推进了全球协作；六是众包（Crowdsourcing）方兴未艾，未来在译文质量、运作效率方面会实现质的飞跃，现阶段中小型项目的众包将逐渐向大型、超大型项目众包转变，资源整合与分配能力将显著提升。

过去二十年是我国本地化行业从诞生到探索和发展的二十年。随着全球和我国经济贸易深入发展，本地化服务将呈爆炸式增长，机器翻译、云翻译和敏捷翻译等翻译技术与范式日新月异，本地化行业将迎来机遇与挑战。为此，本地化行业需要始终追赶世界发展的步伐，挖掘国际和国内两个市场的本地化新需求，通过技术创新、管理创新、服务创新和商业模式服务创新，继续引领我国本地化行业向专业化和国际化方向发展。

第四节　翻译项目质量管理与保障

一、翻译质量管理

美国项目管理协会（PMI）指定的《项目管理知识体系指南》（Project Management Body of Knowledge，PMBOK）指出：质量管理（Quality Management，QM）即遵照特定质量标准和项目管理策略要求，通过质量计划、保障、审查、改善等步骤提供达到预定标准的产品或服务的管理行为。鉴于质量管理能帮助翻译项目团队尽早发现产品缺陷并及时采取补救措施，将对成本和进度的负面影响降到最低，因此为达到质量要求所采取的作业技术和活动即称为质量控制（Quality Control，QC）。换言之，质量控制通过监视质量形成过程，消除质量环上所有阶段引起不合格或不满意效果的因素，以达到质量要求，获取经济效益，而采用的各种质量作业技术和活动，这就要实现质量保证（Quality Assurance，QA）。QC 侧重于控制措施（作业技术和方法），QA 侧重于控制结果证实。

应该看到，QM 和 QA 应同时存在并相互依赖，所有组织都会从 QM 和外部 QA 相结合的总体利益中获利。二者同时存在为各项工作的管理、执行和验证提供了联合方法，从而获得满意的结果；尽管它们的活动范围不同、目的不同、动机不同、结果不同，但它们相互依赖能使所有 QM 职能有效运作，取得内部和外部的足够信任。

QM 除包括 QC 和 QA，也包括质量方针、策划、改进等概念，统称为质量体系。而将国际质量管理知识体系拓展到翻译领域，就形成了翻译质量管理、翻译质量保证、翻译质量控制等相关概念。

对翻译企业而言，翻译作品的质量就是企业生命线，只有依靠品质取胜，才能在竞争日益激烈的翻译市场上立于不败之地。因此，翻译企业要秉持"质量在先"的服务理念，与客户及时沟通，努力满足客户提出的各项合理要求，坚持为客户服务。翻译工作要坚持高标准、严要求，组建高水平项目团队，以科学翻译标准为指导，不断完善服务流程，注重各环节质量控制，积累经验，不断进取。上述这些是企业获得客户好评、支持的保障。优质翻译不仅是良好的企业形象，更是普通大众更好地了解、支持翻译行业的窗口；以翻译质量为衡量标准的良性竞争也会极大地促进整个翻译市场的发展和繁荣。

二、影响翻译质量的相关因素

新时代的信息基础和互联网推动全球化、商业化越来越快，促进了语言服务需求的爆发式增长。翻译不再局限于"文本"本身，网站、软件、游戏、手机应用等新翻译对象层出不穷，翻译产品呈现复杂化和多样化，远远超出了传统观念的"译本"范畴，而传统、单纯的语言质量评估方式或模型显然不够完善，不能满足翻译发展。鉴于向客户提交的最终产物是"服务"或"产品"，所以其质量评估不能只考虑"译本"质量，还应从翻译服务过程和结果的多维度考量。一般来说，影响翻译质量的因素有翻译原文、项目时间、项目预算、团队水平、翻译流程、翻译技术、客户要求等，要全面控制翻译质量，就要将上述因素纳入整个翻译 QM 体系中。

（一）原文

翻译以原稿为基础，以忠实于原稿为基本原则。因此原稿质量很大程度上会影响译文质量。原稿要结构紧凑，文字精练，容易阅读和理解。如果原稿本身词不达意，漏洞百出，不仅影响整个翻译进度，还会严重影响翻译人员理解。

原稿难易程度，也会影响译文质量，如果原稿涉及某些冷门的专业领域知识，在原语语境中都十分令人费解，那么译者所能做的也只是尽力获取原文所要表达的意思，其译文肯定不能做到完全真实地传递原文信息；如果原稿涉及大量背景知识和只有母语人士才能够理解的文化知识点，翻译的质量也势必会受到影响。

此外，原文文字和图片等字迹是否清晰，原文语句是否通顺、表意是否明确、逻辑是否合理，以及客户提供的辅助资料（如过去的翻译文件、词汇表、参考文件与手册）的准确性和一致性等都会对译文质量产生重大影响。尤其对于专业性很强的文件，这也是决定译文质量的关键性因素之一。原稿格式，如断行、空格、标签、时间日期、多余格式等也会影响译文。

最后，客户应尽可能说明待译稿件的具体背景情况以及译稿的用途，使译员在翻译中可较好地把握其语言与文化背景。但在实际本地化项目中，一般无法保证译员都能从客户方面获得高质量的源语言文本，即原文质量和时间经常是不可控的。

（二）时间

客户方常常会要求译员在一定期限内提交翻译产品，而时间长短会极大影响翻译质量，如果译文难度大，翻译时间又比较短，翻译质量就不能完全保证。如在商业翻译中，工程竞标书等待译产品时效性很强，必须按时翻译完成交给客户，如果过了期限才交付给客户，可能已经错过了译作发挥作用的时间，这样翻译的目的就完全没有达到，也就谈不上有翻译质量和价值了。

现代大型项目牵涉到全球范围内上百个部门之间的协调沟通，数千人团队的密切配合。有时候为了占领先机，可能需要在一周之内对数百万字的产品文档进行更新，工作量巨大，操作过程复杂，周期较短，传统的作业方式远远适应不了这样的需求，敏捷本地化模式逐渐成为关注的焦点。

（三）成本

客户方对翻译拥有极大的成本决定权。有的客户为了降低成本，只是单纯要求将原文转换到译文中，在这样的思想指导下，他们会倾向选择一些出价比较低的翻译服务提供商，这些以低价竞争为手段的翻译企业提供的翻译质量往往不尽如人意，会导致低劣的翻译产品出现在市场上。而且，在翻译活动中，客户给出的价格会直接影响到译员的工作积极性，从而影响翻译质量。拿到较高薪酬的译者在翻译工作中会格外用心，以达到让客户满意的目的，翻译质量也相对较高。

（四）人员

作为一种有目的的社会交际活动，翻译过程涉及多个参与者。翻译活动发起者、原作者、翻译人员、翻译管理人员、翻译产品使用者等。这些参与者都会对翻译活动产生多重影响，左右翻译质量。本节主要从翻译人员角度讨论其对翻译质量的影响。

1. 译员或团队翻译水平

翻译是一种目的性很强的跨文化交流的活动。译者的教育背景、政治倾向、生活经历、艺术品位及对作者所处时代的了解程度都和翻译的质量密切相关。

译者专业背景知识直接影响翻译质量。如在机械工程翻译时若不具备一定的机械工程知识是不可能做好相关方面翻译的。译者准确把握原语和目标语，按照两种语言差别选择适当的翻译手段和方法，既考虑到读者感受又忠实原文。作为一名高水平译者，除具备扎实的专业基本功外，还要求有比较深厚的文化底蕴，这样才能体会文本深层次的内涵。而译者勤奋度、从事翻译工作的专注度，对材料的研究深度都可以视为专业素养。许多由疏忽所致的翻译质量问题，就是缺乏翻译专业素养的表现。此外，翻译质量还会受到译员打字速度、对各类办公软件和翻译技术软件操作的熟练程度等技术因素影响。译员对知识的求知欲、各行各业多领域广泛涉猎、对新闻时事的了解，都会在无形中提高翻译质量和水平。

影响翻译质量的人员包括译员和其他本地化项目人员。译员是翻译主体，只有优秀的译员团队，才能从根本上确保译文的完整性和准确度。除专业翻译素质外，译员还应具备良好的自身修养与职业道德，这也影响着本地化项目的顺利进行。另外还需由专业排版人员按客户要求进行各类版式的编辑和排版，直至完稿。

2. 译员职业道德

译员的态度、翻译能力等素质和对相关专业知识的掌握情况将直接影响到翻译质量，如果译员接到任务后，没有做背景调查，只是简单从事语言层面翻译，敷衍了事，在实际情况下肯定会交出漏洞百出的翻译，而且在翻译项目团队里会阻碍整个团队的运作流程和时间安排。

翻译项目相关人员的综合素质，如项目经理管理能力及译员本身素质会影响翻译质量。面对激烈竞争，某些语言服务公司急功近利，可能雇用不合格的团队成员，翻译项目经理或译员缺乏应有职业素养（如严谨负责的工作态度），强调时间而不顾质量，甚至忽视必需的工作流程等。这些主观因素在很大程度上影响译文质量。

（五）语言资产

企业语言资产通常分为翻译记忆库、术语库、项目案例库、语言知识库、翻译风格规范、技术写作规范。语言资产层项目质量影响因素包括术语库、翻译记忆库、翻译风格指南、质量评价模型与标准。这是影响项目质量的直接因素，提高翻译项目质量必须确保语言资产的正确。

（六）流程

完善有效的流程管理不仅能保证本地化项目顺利进行，还能保证翻译质量。为此，本地化行业建立了众多模型或标准贯穿整个本地化项目流程，在各环节保证翻译质量。

翻译质量控制就流程而言，可分为译前、译中、译后三个阶段，每一阶段主要工作有以下内容。

①译前处理：术语提取与译文确定，预翻译源语言文件，提取重复句子统一翻译后导入、遵照翻译风格指南中的其他处理。

②翻译之中：使用翻译记忆和术语管理软件，译文自查，编辑（检查双语文件内容），校对（检查单语文件内容），译文抽查（全部或部分），语言专家审阅（内部和客户方），一致性检查（句子、术语、风格），格式检查（标点、空格、数字、标记符）。

③译后处理：文档格式转换、排版、功能测试（软件测试）等。

（七）技术

当翻译项目中大量复杂格式需要工程处理和技术支持时，翻译技术的力量就尤为明显。当前文件格式除常见的 Microsoft Office 格式外，还有 *.pdf、*.html、*.xml、*.mif、*.indd、*.properties、*.resx、*.dita 等。这要求翻译技术和工具多方面适应项目需求。而非常规格式可通过自定义解析器（Filters）处理。

目前，多数 CAT 工具都提供预翻译、伪翻译、相关搜索、自动建议及更正、数据库（TM、术语库和词库）操作与维护功能。如 Word fast 功能相对简单，适用于执行小项目；SDLX 有多个功能板块，对功能划分相当细致，让所有功能独立而有机地结合在一起，适用多模块翻译；Déjà Vu 使用统一界面，建立当前术语专用术语库，可提高翻译准确率；SDL Trados 将各种功能和视图整合到一个界面，导入每个文件时源语、目标语可自由选择，与谷歌机译同步，预览，直接生成多个文件的字数报表、文件信息和设置信息，为整个项目翻译提供非常好的流程化管理。如上可知，翻译技术软件的用户友好度、功能全面、互操作性及各自 QA 功能都在一定程度上影响翻译质量。

如今，翻译中使用的新翻译工具越来越多。需要看到，使用一些翻译技术工具可明显提高翻译质量。如客户和译员均非常看重翻译产品中拼写、格式、语法的准确性，而应用一些具有自动检查拼写和语法功能的翻译检查工具能让译员避免一些低级错误，目前市场上常用的 SDL Trados、Déjà Vu 和 Word fast 可解决这一问题。且译员和审校人员也能利用翻译技术工具再检查已译过的文件。

同时，一些大的翻译内部会建立术语库、记忆库和语料库等技术工具，应用这些工具可避免重复翻译，并保证翻译准确性。如主流 CAT 工具 SDL Trados 不仅能保证提供翻译准确、术语一致的文件，还能保留原文格式，减少后期排版工作量，缩短工作时间，降低客户翻译成本。

（八）客户需求

用户不同，希望翻译公司提供的服务也不同，而译员不同，对翻译基本准则的理解也不同。在一种情况下，高质量的文章就是尽可能贴近原文直接翻译；而在另一种情况下，高质量的文章意味着重新改写原文。综上，翻译质量高低不仅取决于形式，也取决于语言、逻辑正确。虽然行业质量的确经常取决于用户要求，但这种要求总是多维度的、高度动态的。

从客户需求看，有些只是为了内部开发人员了解竞争对手产品的基本信息，有些是为了培训，有些是为了正式出版，有些只是为了了解目标受众心理。从最终产品看，一些带有广告意图的文本是想刺激潜在消费者的购买欲望，一些在线帮助手册则引导、帮助用户操作设备。可见需求不同，译文质量层次、风格、方向、语域也不同。因此，译员要清楚了解每个翻译项目的终极目标、用意所在，并通过负责人与客户不断沟通来明确客户对翻译的具体要求和期望。

当然，同翻译质量密切相关的因素还有很多，如各种潜在风险、沟通管理、翻译团队人员变更、企业发展战略、经营理念、部门架构、质量政策、公司文化、客户规章制度、译员职业道德及各种不可抗力等，本节不再一一赘述。

翻译质量优劣是决定翻译成败的关键所在，是语言服务企业的生命所在。只有最大限度地将影响翻译质量的多种因素详尽纳入翻译项目计划之中，在翻译过程中实时监控，才能最终保障翻译质量，顺利完成翻译服务。严格的质量评估体系对于提高翻译质量，加强客户的满意度和忠诚度，树立语言服务行业的市场地位，建立行业竞争优势以及促进行业规范等方面，都发挥着极其重要的作用。

三、翻译项目中的质量管理

确定质量标准后，如何在实施过程中保证翻译质量？鉴于标准翻译流程分三步，即Translation（翻译）、Editing（编辑）和Proofreading（校对），简称TEP，好翻译的关键步骤自然在翻译步骤。

如前所述，翻译质量必然是跨越整个翻译工作流程的。尽管不知道我们到底需要自动化些什么，可是我们认为翻译是一个过程，这个过程包含着自动实现QA和QC过程。尽管QA活动往往放在翻译过程后，但本书认为QA必须转变其陈旧模型，变为开放式，把"过程"思想贯穿QA始终。一方面，个体译员的具体行为并不能实时监控；另一方面，大型项目后期校对即使找到错误也不容易一一改正，所以无论从质量上，还是从经济效率上，除最后校对阶段外，在译前准备、术语提取、文章准备时就应有QA思想，保证术语翻译正确无误。

研究翻译项目中的质量管理有两个维度：一是从项目实施过程看；二是从QA影响层次看。"译前—译中—译后"的项目实施过程容易理解，而QA影响层次着眼于QA对翻译项目不同层次的影响程度，需要构建模型理解。

（一）从项目实施过程看质量管理

项目实施过程有五个主要步骤，即译前准备、项目跟踪、译后审定、项目提交、项目总结，其贯穿译前、译中、译后三个阶段。

1. 译前准备

项目准备从发现销售机会就已经开始，主要工作包括确认需求、资源准备、稿件处理、语料准备、项目派发、项目培训。

①确认需求：PM（Project Manager，项目经理）首先确认项目所有细节，包括项目类型、项目用途、产品提交时间、涉及专业领域和工作难度、成本和利润预算、源文本特征、客户对质量和稿件的具体要求等。

②资源准备：PM 根据项目专业性、难度和客户质量要求确定译员和审校数量，做好译员预估和储备规划，包括确定专业技术和语言质量负责人选，组织试译以确定译员的语言流畅程度和专业性。

③稿件处理：预处理项目文件，包括可译资源提取、字数统计、重复率分析、提取重复句段、预翻译等，PM 据此规划工作进度，确定排版方式、中途稿和终稿交付时间、派发价格（翻译、审校、质检和排版）、翻译工具类型、译员培训必要性等。

④语料准备：大中型项目客户可能会提供参考语料供翻译使用，若客户未能如期提供，PM 应使用术语提取工具先抽取高频词，然后定义术语，以便确保项目翻译术语一致性。通常情况下，术语定义后须提交客户确认；有时因项目周期过紧，未能在译稿派发前准备好术语，可要求译员在翻译过程中做到每日术语同步，或使用网络协同翻译工具做到实时术语同步。

⑤项目派发：PM 应根据项目特点选择不同级别的译员（考虑其日处理能力、擅长专业方向等），同时有目的性地启用新译员；遇到交付时间紧、译量大的稿件而需分派多位译员时，应尽量提供翻译示例（模板）、翻译要求（风格、语言）和术语表，与译员保持经常性沟通，并在人员和时间上预留必要余量。

⑥项目培训：如果团队中有相关技术背景的成员，可由其开展基础知识培训；或请客户方人员为团队进行产品、技术培训，并请客户方指定专门人员与翻译团队对接。

2. 项目跟踪

项目跟踪包括进度控制、成本控制、质量控制等。

①进度控制：PM 根据项目工期和稿件情况确定日工作进度，并适当留出余量；一般一周内项目每天都要回收稿件，一周至一月项目每隔 1~2 天返回一次中途稿，一月以上长期项目稿件回收时间可适当放宽；另外，质量稳定、合作记录良好的译员可略从宽，但首次合作译员最好每天回收稿件。

②成本控制：项目经理对各环节成本做出详尽预算，在过程中严格把控，将超标风险降至最低。

③质量控制：项目经理以定期返还中途稿件的方式跟踪翻译质量，及时撤换不合格译员。

3. 译后审定

①审校：审校人员审订、修改稿件（初译稿或排版稿），并在规定时间内返回审校稿

供 PM 抽查质量；质量要求较高的稿件应分别进行语言审校和专业审校。审校完毕，审校人员还要对译稿质量作出量化评估。

②排版：PM 根据项目特点和客户要求，与排版主管一同制订合理的排版计划和排版标准；后者应给项目预留出足够的排版人员，并在检查排版质量后将终稿提交给 PM。

③质检：质检人员逐项核对客户要求并筛查数字、错别字、漏译、错译、语句不通、术语不一致、标点符号和版式使用不当等错误，在规定时间内返回质检稿供 PM 抽查。在质检同时可进行排版。

④测试：测试人员应对最终文件进行测试，以检验文件是否按照客户需求正常运行。

4. 项目提交

①项目进展状态提交：客户最关心项目成败的问题，这涉及项目管理权责体系、资源使用，进度、预算、范围变更管理等多方面的事情。用符合项目需要的进展状态模板，向客户定期提交项目进展报告，正确反映项目实际进展，让客户知道项目处在正常的推进中，并与客户积极协作。

②项目文件提交：提交文件应符合"齐""清""定"，其中，"齐"是指查找所有待提交的文件以防漏交，并包含必要的过程文件与字数统计文件等；"清"是指最终产出的提交有序、干净、完整，例如文件命名、文件夹结构应按一定方式组织，"定"是交稿之后内容不再改动。

5. 项目总结

项目总结主要是收尾，包括成本及费用核算、回收项目语料、反馈客户意见三个部分。

①成本及费用核算：PM 及时对项目做成本核算，向兼职译员等团队外部资源提交结算清单供确认；客户付款后向团队内外人员付款。

②回收项目语料：备份客户确认的项目文件，维护项目术语库、记忆库，删除库中的错误或重复词条、句段供长期使用。

③反馈客户意见：PM 牵头团队做好客户满意度调查，及时以书面方式评价成员项目绩效，总结项目得失和经验教训，为今后项目提供参考。

（二）从质量保证影响层次看质量管理

从质量因素对项目质量影响的不同程度可形成项目分层质量金字塔模型，共三层：最上层是组织层；中间层为语言资产层；底层为实施层。其中，组织层是指公司组织、理念、质量文化等对项目质量的影响；语言资产层是指通过记忆库、术语库和本地化翻译风格等基础信息对项目质量的影响；实施层是指项目流程、实施团队、技术工具等方面对项目质量的影响。以下分析各层面质量影响因素。

1. 组织层项目的质量影响因素

组织层项目质量影响因素包括公司经营理念、部门架构、质量政策、公司文化。其中，经营理念决定了是否具有持续发展的愿景，部门架构决定了业务分工和人员配置，质量政策决定了公司对质量的重视程度，公司文化决定了员工工作的环境和心态。

2. 语言资产层的项目质量影响因素

企业语言资产通常分为记忆库、术语库、项目案例库、语言知识库、翻译风格规范、技术写作规范。语言资产层的项目质量影响因素包括术语库、翻译记忆库、翻译风格指南、质量模型与标准。这是影响项目质量的基础性因素，提高项目质量需要从改进语言资产层的管理与应用入手。

3. 实施层的项目质量影响因素

实施层项目质量影响因素包括项目流程、人员、技术和资源。这些影响因素从不同程度直接影响项目过程质量和交付对象质量，且这些影响因素相互影响，共同影响项目总体质量。

四、翻译质量保证工具评价

对翻译 QA 工具的认识要坚持辩证态度，从优势和局限两方面认识。优势主要集中在节省成本和提高效率上，局限主要是智能程度低、格式/资源受限、定制成本高。

（一）优势

1. 节省成本

从提高翻译质量看，CAT 工具自带的术语库、记忆库能在很大程度上保证译文一致性和准确性。但绝大多数 QA 工具可以完成的句段一级检查、不一致性检查、标点符号检查、数值检查、术语检查、Tag 检查等为审校人员大幅减轻了 QC 的烦琐工作，提高了工作效率，节约了企业成本。

2. 提高效率

以句段检查为例，译者在翻译中难免会漏译。尽管人工能检出漏译位置，但会耗费译者大量时间、精力。在本地化工程处理中，每项任务都有一定的时间安排和期限设置，再加上译者的首要任务是翻译，不可能把大量精力放在检查漏译错误，因此这项耗时的工作就翻译技术工具完成。QA 功能能有效检出文章中是否存在漏译，统计漏译个数、句段数量及句段位置，并在相应句段前标示严重级别和翻译详情。既查找全面，又定位准确，提高了漏译检查速度，节省了译者在漏译检查中的人力。以标记检查为例，标记错误细微而繁杂，人工处理方式极难发现此类型错误，但标记错误势必影响译文质量，因此必须加以重视。QA 工具不仅定位准确，而且能给出详细的错误原因。在 SDL Trados 中，译文翻译完成后，单击"工具""验证"，消息栏中会提示验证结果。

QA 工具在检查标点符号、数字、不一致翻译、漏译和空翻译、英文单词拼写等方面，对提高翻译质量作出了很大贡献。鉴于翻译技术工具是遵循一定规定、规则，用代码编写出来的，在通篇检查译文时，能节省翻译或审校人员不少时间和精力。

（二）局限

必须看到，QA 工具功能有限，且各有侧重，主要问题是 QA 工具对错误的理解是基于写入程序的代码和规则，而非人工思考判断的结果，因此极容易出现误判；此外，由于术语库支持、文件格式限制等客观因素，也会降低 QA 工具的执行效果，以下列出了一些常见问题。

①智能低：QA 工具检测不出语义理解错误、风格不一致或语气对错；对同一词语因语境需要译成不同意思的情况，极易误判。

②格式/资源受限：QA 工具支持的多数格式都有限制，格式转化可能造成格式改变，由此会加大工作量；检测术语一致性时，受到现有术语库限制。

③成本高：多数定制 QA 工具成本高，给公司造成经济压力。

（三）总结

作为 CAT 的辅助工具，QA 能帮助译员节省时间，提高翻译效率。但鉴于目前 QA 工具还存在智能程度低、格式/资源受限、定制成本高等短期内不可避免的问题，译员、审校仍需对译文质量负全部责任，通过提高自身语言水平，深化专业知识、扩大知识面提高翻译质量。一般认为，"译员自校+审校+QA 工具"的模式能最大限度确保翻译质量，是目前多数语言服务供应商的做法。

应该看到，翻译 QA 技术可融入译前、译中和译后各环节，各环节具体活动均可利用技术手段提升效率。在提升翻译质量这个永恒话题上，零缺陷是理想化的，是永远只能作为目标而不能到达的，有时客户基于市场压力和竞争等考虑，往往优先考虑进度。因此，如何定位 QA 角色，如何平衡进度、质量、成本之间的关系，就成为 QA 的核心关键。

机译在可预见的未来尚不能取代人工翻译。从 MT 到 CAT 的认识变化已表明机器的缺陷，QA 软件也不例外。由于语言任意性（Arbitrariness），例外总是客观存在的，因此 QA 工具是辅助工具，但本质上不能提高译者翻译水平，也无法取代人工译者。总而言之，无论技术如何先进，仍需要参与翻译活动的译员和管理者在翻译各环节严格把关，科学控制翻译环节，才能从根本上确保翻译质量。

参考文献

［1］刘惠玲，赵山，赵翊华．跨文化英语翻译的理论与实践应用研究［M］．延吉：延边大学出版社，2022.03.

［2］侯莹莹．跨文化视域下英语翻译与教学研究［M］．北京：中国纺织出版社，2022.06.

［3］张丽坤．跨文化交际视角下英语翻译研究与实践探索［M］．延吉：延边大学出版社，2022.03.

［4］范先明，陈清贵，廖志勤．英译汉理论与实践跨文化视角下的英汉翻译研究（第2版）［M］．成都：四川大学出版社，2022.08.

［5］孙志祥，谢瑜．设计学视阈下的学术翻译研究［M］．苏州：苏州大学出版社，2022.01.

［6］伍澄，张学仕．传播学视角下的英语翻译策略探究［M］．长春：吉林大学出版社，2022.01.

［7］施莹莹，王红娟，李保丽．英语教育教学理论与实践［M］．长春：吉林人民出版社，2022.01.

［8］黄焰结．翻译史研究方法［M］．北京：外语教学与研究出版社，2022.01.

［9］王宁作，罗选民．翻译研究的文化转向［M］．北京：清华大学出版社，2022.01.

［10］马海良．跨文化研究论丛辑［M］．北京：外语教学与研究出版社，2022.10.

［11］庞双子．基于语料库的翻译和语言接触研究［M］．北京：外语教学与研究出版社，2022.11.

［12］吴冰．跨文化的翻译研究［M］．合肥：中国科学技术大学出版社，2021.11.

［13］刘庚玉．英汉翻译的跨文化传播视角研究［M］．太原：山西经济出版社，2021.08.

［14］李冰冰，王定全．跨文化传播背景下的翻译及其功能研究［M］．长春：吉林人民出版社，2021.

［15］肖敏，洪春梅，黄晓宁．中西跨文化交际视阈下的翻译探究［M］．长春：吉林出版集团股份有限公司，2021.

［16］鲁芮汐．跨文化传播视角下英语翻译理论与实践研究［M］．长春：吉林出版集团股份有限公司，2021.

［17］刘瑶．跨文化传播视角下英语翻译理论与实践研究［M］．长春：吉林人民出版

社，2021.

[18] 陈璐，罗颖，汪银萍．英汉文化翻译教学与实践研究［M］．广州：广东旅游出版社，2021.03.

[19] 康志峰．翻译研究与教学［M］．上海：复旦大学出版社，2021.03.

[20] 杨娇．基于文化视角的英语翻译新论［M］．长春：吉林人民出版社，2021.11.

[21] 李丽娜．英汉翻译策略与文化多元对比研究［M］．长春：吉林人民出版社，2021.09.

[22] 唐旻丽，崔国东，盛园．跨文化视角下的英语教学理论与方法探究［M］．长春：吉林人民出版社，2021.05.

[23] 林晓莉，于玲，刘春静．英语翻译多维视角新探研究［M］．长春：吉林人民出版社，2021.09.

[24] 龚一凡，王丽莎，高志英．英汉翻译技巧与教学创新研究［M］．长春：吉林出版集团股份有限公司，2021.07.

[25] 欧敏鸿．跨文化视域下英语翻译的解读［M］．天津：天津科学技术出版社，2020.05.

[26] 范燕华，米锦平．跨文化交际研究与翻译行为策略［M］．重庆：重庆大学出版社，2020.06.

[27] 夏荣．跨文化教育与翻译能力的培养［M］．长春：吉林人民出版社，2020.07.

[28] 吕晓红．跨文化背景下的英语翻译探索［M］．北京：北京工业大学出版社，2020.07.

[29] 唐昊，徐剑波，李昶．跨文化背景下英语翻译理论研究与实践探索［M］．长春：吉林人民出版社，2020.08.

[30] 水娟．跨文化传播视域下的翻译问题再审视［M］．长春：吉林大学出版社，2020.03.

[31] 杨芊．跨文化视野下的英汉比较与翻译研究［M］．长春：吉林人民出版社，2020.07.

[32] 戚燕丽．跨文化视角下英语翻译障碍及对策研究［M］．北京：北京工业大学出版社，2020.07.

[33] 王珺．跨文化视域下的英汉翻译策略探究［M］．长春：吉林大学出版社，2020.08.

[34] 陈媛．跨文化交际中的翻译理论与实例［M］．长春：吉林出版集团股份有限公司，2020.07.

[35] 翟长红．基于跨文化交际的英汉翻译研究［M］．延吉：延边大学出版社，2020.

[36] 李燕．跨文化环境下的英语翻译理论及方法研究［M］．长春：东北师范大学出版社，2020.